U0659644

本書根據廣東省立中山圖書館藏清光緒十年（1884）刻本影印

理氣溯源初集（一）

（清）陳啓沅 撰

广西师范大学出版社
GUANGXI NORMAL UNIVERSITY PRESS
·桂林·

理氣溯源初集

LIQI SUYUAN CHUJI

圖書在版編目（CIP）數據

理氣溯源初集：全三册 /（清）陳啓沅撰. 一桂林：廣西師範大學出版社，2019.11

（西樵歷史文化文獻叢書）

ISBN 978-7-5598-2346-5

Ⅰ. ①理… Ⅱ. ①陳… Ⅲ. ①風水－研究－中國－清代 Ⅳ. ①B992.4

中國版本圖書館 CIP 數據核字（2019）第 250574 號

廣西師範大學出版社出版發行

（廣西桂林市五里店路 9 號　郵政編碼：541004
網址：http://www.bbtpress.com）

出版人：張藝兵

全國新華書店經銷

廣西民族印刷包裝集團有限公司印刷

（南寧市高新區高新三路 1 號　郵政編碼：530007）

開本：880 mm × 1 240 mm　1/32

印張：35.125　　字數：120 千字

2019 年 11 月第 1 版　2019 年 11 月第 1 次印刷

定價：158.00 元（全三册）

《西樵歷史文化文獻叢書》編輯委員會

顧　問：梁廣大　蔣順威　陳春聲

主　編：温春來　梁耀斌　梁全財

副主編：黃國信　黃頌華　梁惠顔　鄺　倩　倪俊明　林子雄

編　委：（按姓名拼音排序）

陳　琛　陳俊勳　陳榮全　關　祥　黃國信　黃浩森

黃頌華　鄺　倩　李　樂　李啟鋭　黎三牛　黎耀坤

梁惠顔　梁結霞　梁全財　梁耀斌　林少青　林兆帆

林子雄　劉國良　龍華强　倪俊明　歐美萍　區權章

潘國雄　任建敏　任文倉　譚國洪　温春來　吴國聰

肖啟良　余兆禮　張國英　張傑龍　張明基　周廣佳

叢書總序

温春來　梁耀斌

呈現在讀者面前的，是一套圍繞佛山市南海區西樵鎮編修的叢書。爲一個鎮編一套叢書並不出奇，但爲一個鎮編撰一套多達兩三百種圖書的叢書可能就比較罕見了。編者的想法其實挺簡單，就是要全面整理西樵鎮的歷史文化資源，探索一條發掘地方歷史文化資源的有效途徑。最後編成一套規模巨大的叢書，僅僅因爲非如此不足以呈現西樵鎮深厚而複雜的文化底藴。叢書編者秉持現代學術理念，並非好大喜功之輩。僅僅爲確定叢書框架與大致書目，編委會就組織七八人，研讀各個版本之西樵方志，通過各種途徑檢索全國各大公藏機構之古籍書目，並多次深入西樵鎮各村開展田野調查，總計歷時六月餘之久。隨着調研的深入，編委會益發感覺到面對着的是一片浩瀚無涯的知識與思想的海洋，於是經過反復討論、磋商，決定根據西樵的實際情況，編修一套有品位、有深度、能在當代樹立典範並能夠傳諸後世的大型叢書。

天下之西樵

明嘉靖初年，浙江著名學者方豪在《西樵書院記》中感慨：『西樵者，天下之西樵，非嶺南之西樵也。」① 此話係因當時著名理學家、一代名臣方獻夫而發，有其特定的語境，但卻在無意之間精當地揭示了西樵在整個中華文明與中國歷史進程中的意義。

西樵鎮位於珠江三角洲腹地的佛山市南海區西南部，北距省城廣州 40 多公里，以境内之西樵山而得名。西樵山由第三紀古火山噴發而成，山峰石色絢爛如錦。相傳廣州人前往東南羅浮山采樵，謂之東樵，往西面錦石山采樵，謂之西樵，『南粵名山數二樵』之説長期流傳，在廣西俗語中也有『桂林家家曉，廣東數二樵』之句。珠江三角洲平野數百里，西樵山拔地而起於西江、北江之間，面積約 14 平方公里，中央主峰大科峰海拔 340 餘米。據説過去大科峰上有觀日臺，雞鳴登臨可觀日出，夜間可看到羊城燈火。如今登上大科峰，一覽山下魚塘河涌縱横，闤闠閭閻錯落相間，西、北兩江左右爲帶。②

西樵山幽深秀麗，是廣東著名風景區。然而更值得我們注意的，是以她爲核心的一塊僅有 100 多平方公里的土地，在中國歷史的長時段中，不斷產生出具有標志性意義的文化財富以及能夠成爲某個時代標籤的歷史人物。珠江三角洲是一個發育於海灣内的複合三角洲，其發育包括圍田平原和沙田平原的先後形成過程。西樵山見證了這一過程，並且在這一片廣闊區域的文明起源與演變的歷史中扮演着重要角色。作爲多次噴發後熄滅的古火山丘，組成西樵山山體的岩石種類多樣，其中有華南地區並不多見的霏細岩與燧石，這兩種岩石因石質堅硬等原因，成爲古人類製作石器的理想材料。大約 6000 年前，當今天的珠江三角洲還是洲潭遍佈、一片汪洋的時候，這一片地域的史前人類，就不約而同地彙集到優質石料蘊藏豐富的西樵山，尋找製造生產工具的原料，留下了大量打製、磨製的雙肩石器和大批有人工打擊痕跡的石片。在著名考古學家賈蘭坡

① 方豪：《棠陵文集》（收入《四庫全書存目叢書》集部第 64 冊），卷 3，《記・西樵書院記》。

② 參見曾騏《珠江文明的燈塔——南海西樵山考古遺址》，廣州：中山大學出版社，1995 年。

先生看來，當時的西樵山是我國南方最大規模的採石場和新石器製造基地，北方只有山西鵝毛口能與之比肩，因此把它們並列爲中國新石器時代南北兩大石器製造場①，並率先提出了考古學意義上的『西樵山文化』②。以霏細岩雙肩石器爲代表的西樵山石器製造品在珠三角的廣泛分佈，意味着該地區『出現了社會分工與產品交換』③，這些凝聚着人類早期智慧的工具，指引了嶺南農業文明時代的到來，所以有學者將西樵山形象地比喻爲『珠江文明的燈塔』④。除珠江三角洲外，以霏細岩爲原料的西樵山雙肩石器，還廣泛發現於粵西、廣西及東南亞半島的新石器至青銅時期遺址，顯示出瀕臨大海的西樵古遺址，不但是新石器時代南中國文明的一個象徵，而且其影響與意義還可以放到東南亞文明的範圍中去理解。

不過，文字所載的西樵歷史並沒有考古文化那麼久遠。儘管在當地人的歷史記憶中，南越工趙佗陪同漢朝使臣陸賈游山、唐末曹松推廣種茶、南漢開國皇帝之兄劉隱宴遊是很重要的事件，但在留存於世的文獻系統中，西樵作爲重要的書寫對象出現要晚至明代中葉，這與珠江三角洲在經濟、文化上的崛起是一脈相承的。當時，著名理學家湛若水、霍韜以及西樵人方獻夫等在西樵山分別建立了書院，長期在此讀書、講學，他們的許多思想產生或闡釋於西樵的山水之間，例如湛若水在西樵設教，門人記其所言，是爲《樵語》。方獻夫在《西樵遺稿》中談到了他與湛、霍二人在西樵切磋學問的情景：『三（書）院鼎峙，予三人常來往，講學其

① 賈蘭坡、尤玉柱：《山西懷仁鵝毛口石器製造場遺址》，《考古學報》1973 年第 2 期。
② 賈蘭坡：《廣東地區古人類學及考古學研究的未來希望》，《理論與實踐》1960 年第 3 期。
③ 楊式挺：《試論西樵山文化》，《考古學報》1985 年第 1 期。
④ 曾騏：《珠江文明的燈塔——南海西樵山考古遺址》，第 30—42 頁。

間，藏修十餘年。』① 王陽明對三人的論學非常期許，希望他們珍惜機會，時時相聚，爲後世儒林留下千古佳話，他致信湛若水時稱：『叔賢（即方獻夫）志節遠出流俗，渭先（即霍韜）雖未久處，一見知爲忠信之士，乃聞不時一相見，何耶？英賢之生，何幸同時共地，又可虛度光陰，容易失卻此大機會，是使後人而復惜後人也！』② 西樵山與作爲明代思想與學術主流的理學之關係，意味着她已成爲一座具有全國性意義的人文名山，這正是方豪『天下之西樵』的涵義。清人劉子秀亦云：『當湛子講席，五方問業雲集，山中大科之名，幾與嶽麓、白鹿鼎峙，故西樵遂稱道學之山。』③ 方豪同時還稱：『西樵者，非天下之西樵，天下後世之西樵也。』一語道出了人文西樵所具有的長久生命力。這一點方豪也沒有説錯，除上述幾位理學家外，從明中葉迄今，還有衆多知名學者與文章大家，諸如陳白沙、李孔修、龐嵩、何維柏、戚繼光、郭棐、葉春及、李待問、屈大均、袁枚、李調元、温汝適、朱次琦、康有爲、丘逢甲、郭沫若、董必武、秦牧、賀敬之、趙樸初等等，留下了吟詠西樵山的詩、文，今天我們走進西樵山，還可發現140多處摩崖石刻，主要分佈在翠岩、九龍岩、金鼠塱、白雲洞等處。與西樵成爲嶺南人文的景觀象徵相應的是山志編修。嘉靖年間，湛若水弟子周學心編纂了最早的《西樵山志》，萬曆年間，霍韜從孫霍尚守以周氏《樵志》『誇誕失實』之故而再修《西樵山志》，清初羅國器又加以重修，這三部方志已佚失，我們今天能看到的是乾隆初年西樵人士馬符録留下的志書。除山志外，直接以西樵山爲主題的書籍尚有成書於清乾隆年間的《西樵遊覽記》、道光年間的《西樵白雲洞志》、光緒年間的《紀遊西樵山記》等。

① 方獻夫：《西樵遺稿》，康熙三十五年（1696）方林鶴重刊本，卷6，《石泉書院記》。
② 王陽明：《王文成全書》，四庫本，卷4，《文録·書一·答甘泉二》。
③ 劉子秀：《西樵遊覽記》，道光十三年（1833）補刊本，卷2，《圖説》。

晚清以降，西樵山及其周邊地區（主要是今天西樵鎮範圍）產生了一批在思想、藝術、實業、學術、武術等方面走在中國最前沿的人物，成爲中國走向近代的一個縮影。維新變法領袖康有爲、一代武術宗師黄飛鴻、民族工業先驅陳啟沅、『中國近代工程之父』詹天佑、清末出洋考察五大臣之一的戴鴻慈、『嶺南第一才女』冼玉清、粵劇大師任劍輝等西樵鄉賢，都成爲具有標志性或象徵性的歷史人物。

事實上，明代諸理學家講學時期的西樵山，已非與世隔絶的修身之地，而是與整個珠江三角洲的開發聯繫在一起的。西樵鎮地處西、北江航道流經地域，是典型的嶺南水鄉，境内河網交錯，河涌多達 29 條，總長度 120 多公里，將鎮内各村聯成一片，並可外達佛山、廣州等地。① 傳統時期，西樵的許多墟市，正是在這些水邊興起的。今鎮政府所在地官山，在正德、嘉靖年間已發展成爲觀（官）山市，是爲西樵有據可查的第一個墟市。據統計，明清時期，全境共有墟市 78 個。② 西樵山上的石材、茶葉可通過水路和墟市，滿足遠近各方的需求。一直到晚清之前，茶業在西樵都堪稱舉足輕重，清人稱『樵茶甲南海，山民以茶爲業，鬻茶而舉火者萬家』③。當年山上主要的採石地點，後由於地下水浸漫而放棄的石燕岩洞，因生產遺跡完整且水陸結合而受到考古學界重視，成爲繼原始石器製造場之後的又一重大考古遺址。

水網縱橫的環境使得珠江三角洲堤圍遍佈，西樵山剛好地處横跨南海、順德兩地的著名大型堤圍——桑園圍中，而且是桑園圍形成的地理基礎之一。歷史時期，西、北江的沙泥沿着西樵山和龍江山、錦屏山等海灣中島嶼或丘陵臺地旁邊逐漸沉積下來。宋代珠江三角洲沖積加快，人們開始零零星星地修築一些『秋欄基』

① 《南海市西樵山旅遊度假區志》，廣州：廣東人民出版社，2009 年，第 188—192 頁。
② 《南海市西樵山旅遊度假區志》，第 393 頁。
③ 劉子秀：《西樵遊覽記》，卷 10，《名賢》。

以阻擋潮水對田地的浸泛，這就是桑園圍修築的起因。① 明清時期在桑園圍内發展起了著名的果基、桑基魚塘，使這裡成爲珠江三角洲最爲繁庶之地。不難想象僅僅在幾十年前，西樵山還是被簇擁在一望無涯的桑林魚塘間的景象。如今桑林雖已大都變爲菜地、道路和樓房，但從西樵山山南路下山，走到半山腰放眼望去，尚可看見數萬畝連片的魚塘，這片魚塘現已被評爲聯合國教科文組織保護單位，是珠三角地區面積最大、保護最好、最爲完整的（桑基）魚塘之一。

桑基魚塘在明清時期達於鼎盛，成爲珠三角經濟崛起的一個重要標志，與此相伴生的，是另一個重要産業——繅絲與紡織的興盛。聯繫到這段歷史，由西樵人陳啟沅在自己的家鄉來建立中國第一家近代機器繅絲廠就在情理之中了。開廠之初，陳啟沅招聘的工人，大都來自今西樵鎮的簡村與吉水村一帶，而陳啟沅本人，也深深介入到了西樵的地方事務之中。② 從這個層面上看，把西樵視爲近代民族工業的起源地或許並非溢美之辭。但傳統繅絲的從業者數量仍然龐大，據光緒年間南海知縣徐賡陛的描述，當時西樵一帶以紡織爲業的機工有三四萬人。③ 作爲産生了黃飛鴻這樣深具符號性意義的南拳名家的西樵，武術風氣濃厚，機工們大都習武，並且圍繞錦綸堂組織起來，形成了令官府感到威脅的力量。民國初年，西樵民樂村的程姓村民，對原來只能織單一平紋紗的織機進行改革，運用起綜的小提花和人力扯花方法，發明了馬鞍絲織提花絞綜，首創具有扭眼通花團的新品種——香雲紗，開創莨紗綢類絲織先河。香雲紗輕薄柔軟而富有身骨，深受廣州、上海、南京等地富人喜歡，在歐洲也被視爲珍品。上世紀二三十年代是香雲紗發展的黃金時期，如民樂林村

① 曾少卓：《桑園圍自然背景的變化》，中國水利學會等編《桑園圍暨珠江三角洲水利史討論會論文集》，廣州：廣東科技出版社，1992年，第51頁。

② 陳天傑、陳秋桐：《廣東第一間蒸汽繅絲廠繼昌隆及其創辦人陳啟沅》，載《中華文史資料文庫》第12卷《經濟工商編》，北京：中國文史出版社，1996年，第784—787頁。

③ 徐賡陛：《辦理學堂鄉情形第二稟》，載《皇朝經世文續編》，近代中國史料叢刊本，卷83，《兵政・剿匪下》。

程家一族600人，除1人務農之外，均以織紗爲業。① 隨着化纖織物的興起，香雲紗因工藝繁複、生產週期長等原因失去了競争力，但作爲重要的非物質文化遺産受到保護。西樵不僅在中國近代紡織史上地位顯赫，而且其影響一直延續至今。1998年，中國第一家紡織工程技術研發中心在西樵建成。2002年12月，中國紡織工業協會授予西樵『中國面料名鎮』稱號。② 2004年，西樵成爲全國首個紡織産業升級示範區，國家級紡織檢測研發機構相繼進駐，紡織産業創新平臺不斷完善。③ 據不完全統計，西樵整個紡織行業每年開發的新産品有上萬個。④

除上文提及的武術、香雲紗工藝外，更多的西樵非物質文化遺産是各種信仰與儀式。西樵信仰日衆多，其中較著名者有觀音開庫、觀音誕、大仙誕、北帝誕、師傅誕、婆娘誕、土地誕、龍母誕等。據統計，全鎮共擁有105處民間信仰場所，其中除去建築時間不詳者，可以明確斷代的，建於宋代的有3所，即百西村六祖廟、西邊三帝廟、牌樓周爺廟；建於元明間的有1所，即河溪北帝廟；建於明代的有2所，分别是百西村北帝祖廟和百西村洪聖廟；建於清代的廟宇有28所；其餘要麽是建於民國，要麽是改革開放後重建，真正的新建信仰場所寥寥無幾。⑤ 除神廟外，西樵的每個自然村落中都分佈着數量不等的祠堂，相較於西樵山上的那些理

① 《南海市西樵山旅遊度假區志》，第323頁。

② 《南海市西樵山旅遊度假區志》，第303—304頁。

③ 《西樵紡織行業加快自主創新能力》，見中國紡織工業協會主辦、中國紡織信息中心承辦之『中國紡織工業信息網』，http://news.ctei.gov.cn/zxzx—lmxx/12495.htm。

④ 《開發創新走向國際　西樵紡織企業年開發新品上萬個》，見中國紡織工業協會主辦、中國紡織信息中心承辦之『中國紡織工業信息網』，http://news.ctei.gov.cn/zxzx—lmxx/12496.htm。

⑤ 梁耀斌：《廣東省佛山市西樵鎮民間信仰的現狀與管理研究》，中山大學2011年碩士學位論文。

學聖地，神靈與祖先無疑更貼近普通百姓的生活。西樵的一些神靈信仰日，如觀音誕、大仙誕，影響遠及珠江三角洲許多地區乃至香港，每年都吸引數十萬人前來朝聖。

傳統文化的基礎工程

上文對西樵的一些初步勾勒，揭示了嶺南歷史與文化的幾個重要面相。進而言之，從整個中華文明與中國歷史進程的角度去看，西樵在不同時期所產生的文化財富與歷史人物，或者具有全國性意義，或者可以放在中華文明統一性與多元化的辯證中去理解，正所謂『西樵者，天下之西樵，非嶺南之西樵也』。不吝人力與物力，將博大精深的西樵文化遺產全面發掘、整理並呈現出來，是當代西樵各界人士以及有志於推動嶺南地方文化建設的學者們的共同責任。這決定了《西樵歷史文化文獻叢書》不是一個簡單的跟風行爲，也不是一個隨便的權宜之計。叢書是展現給世界看的，也是展現給未來看的，我們力圖把這片浩瀚無涯的知識寶庫呈現於世人之前，我們更希望，過了很多年之後，西樵的子孫們，仍然能夠爲這套叢書而感到驕傲，所有對嶺南歷史與文化感興趣的人們，能夠感激這套叢書爲他們做了非常重要的資料積累。根據這一指導思想，經過反復討論，編委會確定了叢書的基本内容與收録原則，其詳可參見叢書之『編撰凡例』，在此僅作如下補充説明。

叢書尚在方案論證階段，許多知情者就已半開玩笑半認真地名之爲『西樵版四庫全書』，這個有趣的概括非常切合我們對叢書品位的追求，且頗具宣傳效應，是對我們的一種理解和鼓舞。但較之四庫全書編修的時代，當代人對文化與學術的理解顯然更具多元性與平民情懷，那個時代有資格列入『四庫』的，主要是知識精英們創造的文字資料，我們固然會以窮搜極討的態度，不遺餘力地搜集這類資料，但我們同樣重視尋常百姓書寫的文獻，諸如家譜、契約、書信等等，它們現在大都散存於民間，保存狀況非常糟糕，如果不及時搜集，就會逐漸毀損消亡。

能夠體現叢書編者的現代意識的，還有邀請相關領域的專業人士以遵循學術規範爲前提，通過深入田野調查撰寫的描述物質文化遺産、非物質文化遺産的作品。這兩部分内容加上各種歷史文獻，構成了完整的地方傳統文化資源。目前不管是學術界還是地方政府，均尚未有意識地根據這三大類别，對某個地域的傳統文化展開全面系統的發掘、整理與出版工作。在這個意義上，《西樵歷史文化文獻叢書》無疑具有較大開拓性、前瞻性與示範性。叢書編者進而提出了『傳統文化的基礎工程』這一概念，意即拋棄任何功利性的想法，扎扎實實地將地方傳統文化全面發掘並呈現出來，形成能夠促進學術積累並能夠傳諸後世的資料寶庫，在真正體現出一個地方的文化深度與品位的同時，爲相關的文化産業開發提供堅實基礎。希望《西樵歷史文化文獻叢書》的推出，在這個方面能産生積極影響。

高校與地方政府合作的成果

西樵人文底蘊深厚，這是叢書能夠編撰的基礎；西樵鎮地處繁華的珠江三角洲，則使得叢書編撰有了充足的物質保障。然而，這樣浩大的文化工程能夠實施，光憑天時、地利是不夠的，一群志同道合的有心者所表現出來的『人和』也是非常關鍵的因素。

2009年底，西樵鎮黨委和政府就有了整理、出版西樵文獻的想法，次年1月，鎮黨委書記邀請了中山大學歷史學系幾位教授專程到西樵討論此事。通過幾天的考察與交流，幾位鎮領導與中大學者一致認定，以現代學術理念爲指導，爲了全面呈現西樵文化，必須將文獻作者的範圍從精英層面擴展到普通百姓，並且應將物質文化遺産與非物質文化遺産的内容也包括進來，形成一套《西樵歷史文化文獻叢書》。爲了慎重起見，決定由中大歷史學系幾位教授組織力量進行先期調研，確定叢書編撰的可行性與規模。經過6個多月的努力，調研組將成果提交給西樵鎮黨委，由相關領導與學者坐下來反復討論、修改、再討論……，並廣泛徵求西樵地方文化人士的意見，與他們進行座談。歷時兩個多月，逐漸擬定了叢書的編撰凡例與大致書目，並彙報給南海區委、區政府與中山大學校方，得到了高度重視與支持。2010年9月底，簽定了合作協議，組成了《西樵歷史文化文獻叢書》編輯委員會，決定由西樵鎮政府出資並負責協調與聯絡，由中山大學相關學者牽頭，組織研究力量具體實施叢書的編撰工作。

值得一提的是，《西樵歷史文化文獻叢書》是近年來中山大學與南海區政府廣泛合作的重要成果之一，並爲雙方更深入地進行文化領域的合作打下了堅實基礎。2011年6月，中山大學與南海區政府決定在西樵山共建『中山大學嶺南文化研究院』，康有爲當年讀書的三湖書院，經重修後將作爲研究院的辦公場所與教學、研究基地。嶺南文化研究院秉持高水準、國際化、開放式的發展定位，將集科學研究、教學、學術交流、服務地方爲一體，力爭建設成爲在國際上有較大影響的嶺南文化研究中心、資料信息中心、學術交流中心、人才培養基地。研究院的成立，是對西樵作爲嶺南文化精粹所在及其在中華文明史中的地位的肯定，編撰《西樵歷史文化文獻叢書》也順理成章地成爲研究院目前最重要的工作之一。

在已超越温飽階段，人民普遍有更高層次追求，同時市場意識又已深入人心的中國當代社會，傳統文化迎來了新一輪的復興態勢。這對地方政府與學術界都是新的機遇，同時也產生了值得思考的問題：如何在直接的經濟利益與謹嚴求真的文化研究之間尋求平衡？我們是追求短期的物質收穫還是長期的區域形象？當各地都在弘揚自己的文化之際，如何將本地的文化建設得具有更大的氣魄和胸襟？《西樵歷史文化文獻叢書》或許可以視爲對這些見仁見智問題的一種回答。

叢書編撰凡例

一、本叢書的『西樵』指的是以今廣東省佛山市南海區西樵鎮爲核心，以文獻形成時的西樵地域概念爲範圍的區域，如今日之丹灶、九江、吉利、龍津、沙頭等地，均根據歷史情況具體處理。

二、本叢書旨在全面發掘並弘揚西樵歷史文化，其基本内容分爲三大類別：（1）歷史文獻（如志乘、家乘、鄉賢寓賢之論著、金石、檔案、民間文書以及紀念鄉賢寓賢之著述等）；（2）非物質文化遺産（如口述史、傳説、民謡與民諺、民俗與民間信仰、生産技藝等）；（3）自然與物質文化遺産（如地貌、景觀、遺址、建築等）。擴展内容分爲兩大類别：（1）有關西樵文化的研究論著；（2）有關西樵的通俗讀物。出版時，分别以《西樵歷史文化文獻叢書·歷史文獻系列》、《西樵歷史文化文獻叢書·非物質文化遺産系列》、《西樵歷史文化文獻叢書·自然與物質文化遺産系列》、《西樵歷史文化文獻叢書·研究論著系列》、《西樵歷史文化文獻叢書·通俗讀物系列》命名。

三、本叢書收録之歷史文獻，其作者應已有蓋棺定論（即於2010年1月1日之前謝世）；如作者爲鄉賢，則其出生地應屬於當時的西樵區域；如作者爲寓賢，則作者曾生活於當時的西樵區域内。

四、鄉賢著述，不論其内容是否直接涉及西樵，但凡該著作具有文化文獻價值，可代表西樵人之文化成就，即收録之；寓賢著述，但凡作者因在西樵活動而有相當知名度且在中國文化史上有一席之地，則其著述内容無論是否與西樵有關，亦收録之；非鄉賢及寓賢之著述，凡較多涉及當時的西樵區域之歷史、文化、景觀者，亦予收録。

五、本叢書所收録紀念鄉賢之論著，遵行本凡例第三條所定之蓋棺定論原則及第一條所定之地域限定，且叢書編者只搜集留存於世的相關紀念文字，不爲鄉賢新撰回憶與懷念文章。

六、本叢書收録之志乘，除此次編修叢書時新編之外，均編修於1949年之前。

七、本叢書收録之家乘，均編修於1949年之前，如係新中國成立後的新修譜，可視情況選擇譜序予以結集出版。地域上，以2010年1月1日之西樵行政區域爲重點，如歷史上屬於西樵地區的百姓願將族譜收入本叢書，亦從其願。

八、本叢書收録之金石、檔案和民間文書，均產生於1949年之前，且其存在地點或作者屬於當時之西樵區域。

九、本叢書整理收録之西樵非物質文化遺產，地域上以2010年1月1日之西樵行政區域爲準，内容包括傳説、民謡、民諺、民俗、信仰、儀式、生產技藝及各行業各戰綫代表人物的口述史等，由專業人員在系統、深入的田野工作基礎上，遵循相關學術規範撰述而成。

十、本叢書整理收録之西樵自然與物質文化遺產，地域上以2010年1月1日之西樵行政區域爲準，由專業人員在深入考察的基礎上，遵循相關學術規範撰述而成。

十一、本叢書之研究论著系列，主要收録研究西樵的專著與單篇論文，以及國内外知名大學的相關博士、碩士論文，由叢書編輯委員會邀請相關專家及高校合作收集整理或撰寫而成。

十二、本叢書組織相關人士，就西樵文化撰寫切合實際且具有較強可讀性和宣傳力度的作品，形成本叢書之通俗讀物系列。

十三、本叢書視文獻性質採取不同編輯方法。原文獻係綫裝古籍或契約者，影印出版，並視情況添加評介、題注、附録等；如係碑刻，採用拓片或照片加文字等方式，並添加説明；如爲民國及之後印行的文獻，或影印出版，或重新録入排版，並視情況補充相關資料；新編書籍採用簡體横排方式。

十四、本叢書撰有《西樵歷史文化文獻叢書書目提要》一册。

總目

評介

陳海立

《理氣溯源初集》六卷八册，南海陳啓沅撰，光緒十年惜陰草堂刻本。該書現存於廣東省立圖書館，原書板框高一六零毫米，寬一一二毫米。

本書附有序三篇，分别是陳啓沅自序一篇，徽州婺源人俞文韶序一篇，凡例一篇。

陳啓沅（1834–1903），字芷馨，號息心老人、息心居士，廣東南海西樵簡村人，事見光緒南海縣志本傳。陳啓沅爲世所知，是在于1834年從越南回西樵簡村老家，辦理了繼昌隆繅絲廠，被稱爲中國民族工業的先驅。此後，陳啓沅著有《廣東蠶桑譜》一書，比較全面地總結了嶺南絲區蠶桑生産的過程，并對于繅絲機器的改良提出了新的見解。除本書《理氣溯源初集》以外，陳啓沅還著有《陳啓沅算學》《周易理數會通》等書，以上三種均已列入『西樵歷史文化文獻叢書』影印出版。

在中國近代的歷史叙述中，在進步／落後抑或衝擊／回應的叙述模式中，陳啓沅較早被研究者視爲革新的先鋒，其主要的成就在於『輕工業』領域，其知識被視爲傳播新的科學理論。這種種認識，無異於脱離陳啓沅的時代而作『他者』的評價，而未嘗真正認識晚清時期陳啓沅這類屢試不中、異國經商的南海精英的精神世界。

事實上，陳啓沅的諸多著述，均應該在晚清嶺南子部學的興盛中予以解釋。對於清代嶺南的學術，學界多强調阮元及學海堂帶來的經學的興盛，陳禮、朱次琦等大儒交相輝映，成爲突破宋明理學的一種思想風潮。此後，康有爲等又在今文經學的基礎上，直接植入西學的成分，成爲現代國家改革的先行者。然而，晚清時期許多實質上已經接觸過西學，但個人又未能考取較高科舉功名的嶺南學人，卻致力于子部學說的研究中。例如南海鄒伯奇，他于三角測量法、歐幾里得數學乃至近代光學均有深入理解，卻把這些新知融入到中國固有的子部學中予以論述。這是當時流行的一種子部學（諸子學以外）的治學路徑。

晚清的嶺南子部學有兩個趨向，第一是將清代中葉以來整理經學的考據學以及史地之學引入到子部學的研究中；第二是把西方的諸如物理、數學、地理、天文、生物、農學諸學裝入子部學的框架中予以重新解釋。誠然，由於中西所執學理不同，而研究的方法更爲迥異，故此時子部學的努力，很快被快速發展的『西學東漸』過程拋棄，逐步被歷史遺忘。而陳啓沅等人，亦需要在西方進入中國、中國融入世界的歷史叙述中重新找到定位。像《理氣溯源初集》這類研究，便被貶低爲民間風水學，而近日有學者稱陳啓沅是南海著名的風水大師，很顯然地置之於反科學的立場上。

然而，晚清嶺南的子部學學者已經有相當的自覺，營造了學術對話的空間以及學術研究的規範，在早期東西學術交融的過程中，具有非常獨特的樣貌，值得細究。子部學說中，又尤其以術數類格外耀眼，而本書

《理氣溯源初集》便是上述第一種趨向的成果之一，作者自序曰：

四庫全書總目曰術數之興，多在秦漢以後，要其旨不出乎陰陽五行生克制化，實皆易之支脈，傳以雜説耳。析而別之者，相宅、相墓、占卜、命理、相法，今而言之者，陰陽、五行、雜技。凡術數家與算術天文相爲表裏，然近代天文算術，愈闡愈精，而理氣齊頭，愈傳愈肢，蓋因精此術者，秘而不宣，疏於考本，習而不察。沅因新製羅經，影利垂用，遂博覽群書，尋其原理，剖册録之，屆在兩歧者，潛系末議，如先哲云，理知其所當然，必先求其所以然，故總其書目曰理氣溯源，推所考者，未必説説皆是實理，理爲昭者，再加考訂云爾。

該序顯然遵從編纂《四庫全書》對於術數類的分類方法，認爲是秦漢以後之學，皆易之支脈。在術數類學説中，陳啓沅認爲理氣學説『秘而不宣』，流於民間化，『疏於致本』，理論化的程度薄弱，無法匹配天文算術的發展。所以他希望在此領域進行深入研究。那麽陳啓沅採取什麽方法進行深入研究呢？這便是『溯源』之法，實則借用清人治經學考據其源流的方式。作者自述曰：

是書專以考原爲本，非考原莫知先哲之用意，不知其用意，無以列於羅經。既列於羅經，故要詳晰申明之所用也。

此是本書治學之邏輯，即分考原、申明用意、羅經辨誤以及推出新的左旋羅經四部分。

其考原部分，作者從四庫全書總目所録術數類諸書入手，一一辯誤，所謂『考原多用《協紀》，辨方天星則多遵《曆像》，考成星經匯、考卦象多遵《朱子啓蒙》，雜卦則於群書擇髓，五行生克亦于諸書之透理者取之，論斷界在兩歧者必僭參末議』，其實是對已有的學説進行整理，并在分辨之中建立自己的解釋的體系。

其申明用意部分，作者採取的態度是『每於圖説申明某本用意，其用意無據者概皆去之，以免立意無所是從』。這部分治學的方式亦集中於《考原便覽》《考原下》二卷之中。

辨明前賢之學之後，陳啓沅便推出自己的羅經——平水左旋羅經。此包含了羅經辯誤以及從各個方面説明新羅經的原理。則上述第三第四部分。

在這樣的治學邏輯基礎上，本書的結構分爲《提要辨謬》《考原便覽》（上、下）《羅經管見》《黄道恒星》《利用合璧》六卷，並附刻《陽宅形氣略》，形成一個完整的解釋系統。

這樣一部晚清子部學的作品，誠然難在現在科學學説中覓得一席之地，但對於了解傳統歷史文化，以及研究晚清這類實質上接觸過西方世界的前賢的精神世界，理解西學東漸之初中學一種納西學於固有之知識體系的嘗試，亦有相當重要的歷史意義。

柳門汪大人鑒定

翻刻必究

理氣溯源初集

惜陰草堂藏板

光緒十年歲次甲申南海陳啟沅稿

壬午冬詒卧病蟄廬日與葉鑪相
對閱能也陳芷馨舅氏以所著理
氣溯源郵寄夜寒人靜秉燭展
閱夫術數之道發自秦漢迄今不墜
則其説不爲無據而又未盡以爲可憑
蓋其旨奥其理邃未可以薄技者
見淺嗜者妄而異是豈有心人云健

會也。我　舅通歷中外，博覽羣書，陰陽之理，渾然於心目間。積三十餘年之精力，而撰是書，列以五種，分門別類，證正世之誤，補前人之闕，而論集大成，而獨樹一幟也矣。詒西川陳臬，屢隨風塵，南粵僑居，蹉跎歲月。青島一道，愧未了然，然觀是書

宗派之富攷訂之精洵足爲後學津梁談理氣者暗室之一鐙也因勸授梨棗以公同好不知勇氏果能翕然樂從否爰書是而歸之

光緒八年歲次壬午十月星源俞文詒拜識

理氣溯源總序

四庫全書總目曰術數之興多在秦漢以後要其旨不出乎陰陽五行生尅制化實皆易之支脈傳以雜說耳析而別之者相宅相墓占卜命理相法會而言之者陰陽五行雜技凡術數家與算術天文相為表裏者近代天文算術愈闡愈精而理氣巒頭愈

傳愈精蓋因精於術者秘而不宣隸於改本留

而不察沅因刻製羅經以利其用遂恃覺為

書尋其原理刻冊錄之屬在兩歧者潛參

考證如先哲之所知其所書然必先求其所以然

故總其書目曰理氣溯源雖所改者未必悉當

是實行之尚所著再加改訂云爾

光緒癸未季夏上浣芷馨陳曙沅謹序

理氣溯源初集總目

卷五

恒星黄道經度表首附黄道恒星圖推歷算法及算法三角遺術

卷六

利用合璧譜畧

二集

總目

卷一

恆星黃道緯度表 附恆星與帝星距度

卷二

恆星赤道經緯度表 附赤道恆星南北總圖

卷三

天玉經折中釋註

卷四

陰陽二宅立成

例言

一是書專以考原爲本非考原莫知先哲之用意不知用意無以列於羅經既列於羅經故要詳晰申明之所用也

一是書考原多遵協紀辨方天星則多遵歷象考成星經彙考卦象則多遵朱子啟蒙雜卦則於羣書擇髓五行生尅亦於諸書之透理者取之論斷界在兩岐者必僭參末議以待深明此理者再訂

一是書每於圖說申明某本用意其用意無據者概

皆去之以免立意無所適從

一是書專爲申明羅經有悞起見故於羅經之偏弊

一一詳述豈敢議前人之非特恐悞後人之用耳

一是書卷帙無多因說理氣之書不下數十卷各有

申明本義無庸覆述前人之論故撮而收之又何

用贅及乎

一所製左旋羅經始於丙子荎　親之年是書成於

甲申之歲及因考太陽到方表復製一測量天星

太陽盆耳

一是書原不敢刊刻但所製之羅經已爲各友所知屢來借用凡借用者必并羅經管見稿取去方明用意沅年已過知非恐一借失精神恐難復振故不得已付之梓人以便各友借閱豈敢云行世二字乎

一凡有益於世之書孰不欲多刊多售以公諸世而利其用者也但星度測量全靠數目惟數甚繁倘毫釐之差便千里之謬不特不能獲福更恐貽害無窮況翻板印售徒知射利未必能存心考究而

刋字工人保無錯悮是不欲人之翻刻者非爲自私實欲大公耳詩云知我者謂我心憂不知我者謂我何求想達識者必能諒此苦衷耳

提要辨謬原序

且古今地理書汗牛充棟不下百家坊間簡帙浩繁魚目混珠究難辨別况其僞彼和入主出奴倘不辨妍媸驪珠曷得必須詳加審慎仔細推求於後真僞攸分從違有主雖後生之淵源歷數體用畢明總初基之後力未精瑜瑕互掩也用是釋

自序 一

精謁處學說未之島的古準今研求白澤著論詳言撮要盡於理者精之綱即數語不經承於義者雜之深難紀羅羨其善全韵雖窺而要乎取乎求理確不汝廢哉是之基切懷從入者口哉生筆時是首之道岸誕登鋁出在胸有成竹矣

癸未芸馨又識

理氣溯源卷一目録

提要辨謬

天機素書
玉尺經
地理大全
地理大成平陽全書
地理辨正疏
八宅周書
陽宅大成
羅經解
闢徑集

山法全書

玉函銅眞經陰陽剪隨圖說

形家三十種

羅經秘旨

地理穿山透地眞傳

增釋地理琢玉斧

地理五訣

陽宅三要

地理直指原眞

巒頭心法
陰宅集要陽宅集要
地理啖蔗録
地理末學
選用天星數理提要
數理精藴
天文大成
周易折中
梅氏叢書

通德類情

發明辨謬之謬管見論

辨謬續論

理氣溯源卷之一

南海陳啓沅芷馨　著
宗弟光祖星樵編輯
從弟啓容岳屏
男乃材召三　仝校

提要辨謬

黄帝宅經二卷

按漢志形法家。有宫宅地形二十卷。較相墓爲古云。考五姓宅經。皆不出黄帝。考書中稱黄帝二宅經。及淮南子李淳風呂才等宅經。二十九種。作書之時。本不僞稱黃帝。提要特旨爲方技之流。神其說云。又云是書在術數之中。猶最近古。恨未得其眞本一讀耳。

葬書一卷

舊本題晉郭璞撰。提要考璞有爾雅註。已著錄葬地之說。莫知自來。周官冢人墓大夫之職。皆稱以族葬。是三代以上。葬不擇地之明證。漢書藝文誌形家。始以宮宅地形。與相人相物之書並列。則其術自漢始萌。尚未專言葬法也。後漢書袁安傳。載安父沒。求葬地道逢三書生。指一處。當世爲上公。安從之。故累世貴盛。傳至東漢擅其名者。璞爲最。考璞本傳。載璞從河東郭公受青囊中書九卷。遂洞天文五行卜筮之術。璞門人趙載。嘗竊青囊書。爲所焚。不言其詳。唐志有葬書地脉經一卷。葬書五陰一卷。不言璞撰。惟宋志載有璞葬書一卷。是其書自宋始出。後爲蔡元定病其蕪雜。删去十二篇。只存八篇。吳澄又分而爲內外篇。存其粗駁者爲雜篇。後受劉秉忠爲之註。今坊本之葬書。是否璞之手撰。實無從考訂。觀其義理頗精。大要之旨。不外乘生氣三字。所謂葬者原其起乘其止乘風則散界水則止。諸条亦多明白簡當考其源甚遠。至宋王伋乃大行焉。但葬書內外經。并未說及羅經二字。惟雜篇有曰。地有四勢。氣從八方。寅申巳亥。四勢也。震離坎兌乾坤艮巽。八方也。又曰土圭測其方位。玉尺度其遠邇。羅經之設。想由此而始也。又曰陰陽差錯爲一凶。歲時之乖爲二凶。想選擇坐向亦祖於此。提要則云始於閩浙中。其爲說主星卦。陽山陽向。不相乖錯。純取八卦五星。以定生尅之理。浙之人傳之。當時而用之者尙鮮。一曰江西之法。肇於贛人。楊筠松曾文辿及賴大有。謝子逸輩。尤精其學。原其所起。卽其所止以定位向。專指龍穴砂水之相配而他拘泥在所不論。亦未說及羅經用何等五行爲例。故子註解楊公千金造命歌。一要坐向

逢三合之句以其要穴與砂水三者不背於龍謂之坐向逢三合也

撼龍經疑龍經葬法倒杖共三卷

舊本題唐筠松撰提要謂筠松不見於史惟陳振孫書錄解載其名宋史藝文誌但稱爲楊救貧亦不詳其始末相傳以爲筠松名益竇州人掌靈台地理官至金紫大夫廣明中遇黄巢犯闕竊禁中玉函經以逃後往來於虔州提要謂無稽之談不足信也然其書乃爲世所盛傳撼

龍經專言山龍脈絡形勢，分貪狼、巨門、祿存、文曲、廉貞、武曲、破軍、左輔、右弼九星各爲之說。疑龍經上篇言幹中尋枝，以關局水口爲主。中篇論尋龍到頭，看面背朝迎之法。下篇論結穴形勢，附以疑龍十問，以闡明其義。即葬法，謂臨穴時分寸毫釐之辨，并未有伸明羅經之義也。按陳振孫書錄題解，有疑龍經一卷、辨龍經一卷，在宋並不題筠松所作。然撼龍即辨龍與否，亦無可考。題要謂李國木註之，併附各圖，膚陋淺俗。今坊本地理大全之撼龍經。蓋與舊不同也。

青囊奧語一卷青囊序一卷

青囊奧語。舊本題唐楊筠松撰。其序則題筠松弟子曾文辿所作。地理辨正疏。所題亦同。但非云同時而序之耳。相傳文辿。贛州人。其父求已先奔江南。李司空解。行南康軍事。文辿因得筠松之術。後傳於陳摶。提要謂是書即其所授師說也。今是書以陰陽順逆。九星化曜。辨山水之貴賤吉凶。郭璞相墓經。陳氏書錄解題。有楊公遺訣曜金歌并三十六圖象一卷。又鄭樵通志藝文略別載有曾氏青囊子歌一卷。又楊曾二家青囊經一卷。或即是書之名。葢與曜金歌爲一。爲二。無從考究其中引而不發之語。如坤壬乙。巨門從頭出一節。歷來註家未能考實的當。詳其起例。且地理大全註爲坤壬乙文曲從頭出。宜乎提要謂李國木將舊本删改矣。但全卷中并未發明用羅經之由。獨二十四山分順逆一條。全書謂其大旨以木火金水屬甲丙庚壬。

乙丁辛癸。互起長生。又謂甲木生於亥。庫於未。乙木生於午。庫於戌之類。因以亥卯未。寅午戌巳酉丑。申子辰。爲四局。反覆衍之。得四十八局。陽用左旋。陰從右轉。蓋本之說卦陽順陰逆之例。爲地學理氣家之權輿。提要又謂玉尺經是竊其餘緒。衍爲圖局。直指元眞。專以三元水口。隨地可以定向。於是談地學者。舍形法而言理氣。未究其創法之始也。

曾安贛州人字文辿有曰字文廸以字義考之似以文廸爲正四庫提要刻文辿故亦從之耳

天玉經內傳三卷外篇一卷

舊本題楊筠松撰。考四庫全書。唐志楊曾二家書。無天玉經之名。相傳楊氏師弟秘之不行於世。至宋吳克誠。遇異人始授以此書。其子景鸞發明其義。至宋始行。其爲筠松所撰否。亦在影響之間矣。特其流傳稍遠。詞旨亦有意義。故言理氣者。至今宗之。其眞僞可置勿論也。內傳首言江東一卦。江西一卦。南北八神一卦。術者罕通其說。

國朝潘思榘作天玉經箋。許清奇作天玉經註。始推繹下爻有父母三般卦。又有天卦江東掌上尋之語。按所謂江東者。即天卦。所謂江西者。即地卦。所謂南北者。即父母卦。紀曉嵐先生以庚其爲用甲丙庚壬四陽干左旋起長生者。爲東卦陽數奇。故曰天卦。又曰八神四一。又以乙丁辛癸。四陰干右旋起長生者。爲西卦。陰數耦。故曰地卦。又曰八神四二。又以山家之坐向爲南北一卦。由天地而及人。故曰父母卦。蔣平階又曰。

南北東西應有四卦而此三卦者緣元空八卦排來止有三卦故也江東一卦起於西八神即八卦之中經四位而起父母故曰八神四但言八神之中歷四位也一者此一卦只管一卦之事不能兼他卦也江西一卦起於江東亦經四位而起父母故亦曰八神四但二者此一卦兼管二卦之事不能全收三卦比如坎至巽乃第四位巽至兌亦第四位八卦之中各經四卦也二說以遵紀公之說爲長何以一卦只管一卦

忽又一卦能管二卦實爲强解予謂八神者八卦中之用神四個一者是四個奇數四個二者是四個耦數耳何曰不然又曰南北八神共一卦端的應無差者是復合上兩卦而言耳焉有三卦哉即所謂陰陽亦太極耳若此豈以陰陽太極爲三物乎術家盖自神其說故爲隱奥之詞使人惝恍迷離不得其指要方技家之譎智往往如斯不獨此經爲然也羅經用卦之由皆祖於此

催官篇二卷

宋賴文俊撰。文俊字太素。處州人。嘗官於建陽。好相地之術。棄職浪遊。自號布衣子。故世稱曰賴布衣云。聞所著有紹興大地八鈐。及三十六鈐。恨俱未得見耳。是書分龍穴砂水四篇。各爲之歌。龍以二十四山分陰陽。以震庚亥三龍爲三吉。巽辛艮丙兌丁六龍爲六秀。而著其變換受穴吉凶之應。穴仍以龍爲主。而受氣有挨左挨右之異。砂水二篇。亦以方位爲斷。并未有伸明用中針縫針正針之例。想穿山虎透地龍之訣。爲後人附會耳。詞語雖頗涉於神怪。而於陰陽五行。生尅制化。實能言之成理。視悠謬無根之談。後言休咎。而不能明其所以然者。勝之多矣。舊本有註解。不知何人闡發。頗得其詳。比之道光年間宋侶石續刻之本。約畧相同。但自宋至今。天星坐度。已差太遠。究不知尚能驗否。姑存其說可也。

發微論一卷

宋蔡元定撰。元定字季通。建陽人。遊於朱夫子之門。慶元中。僞學禁起。坐黨籍竄道州。卒於謫所。後韓侂胄敗。追贈迪功郎。賜謚文節。事蹟具宋史中。是編即其相地之書。大旨主於地道一剛一柔。以明動靜。觀聚散。審向背。觀雌雄。辨強弱。分順逆。識生死。察微著。究分合。別浮沉。定淺深。正饒減。詳趨避。知裁成。凡十有四例。遞爲推闡。而以原感應一篇。明福善禍淫之理。終焉。術家只論其數。元定則推以儒理。使其說不悖於道如云水本動欲其靜山本靜欲其動聚散言乎其大勢向背言乎其性情知山川之大勢默定於數理之外而後能順逆於咫尺之間善觀者以有形察無形不善觀者以無形蔽有形皆能採擇精奧非方技之士支離誕謾之比也書中雖未發明羅經要旨亦無非定陰陽明動靜分雌雄識生死別順逆佈五行知趨避廿一字而已矣地理大全亦載此書題爲蔡牧堂撰考元定父號牧堂是元定手著抑其父手著姑無

論也。

九星穴法四卷

舊本題宋廖瑀撰。地理家以。楊曾廖賴竝稱。而瑀書獨少傳。諸家著錄。皆無其目。其法專以九星辨穴體。所謂九星者。太陽、太陰金水紫炁天財凹腦雙腦平腦三體合天罡燥火爲九星。又分正體開口。懸乳弓脚。雙臂单股側腦。没骨。平面。爲九等。各系以圖說。四庫全書。批其不近道理。謂其依托者耳。是書并未說及羅經。况又連篇屢續、茲管見之篇。專考羅經理氣之原。故不暇與他辨謬也。

天機素書四卷

考舊說題邱延翰撰。翰唐時人。字翼之。通志藝文畧。載延翰玉函經一卷。黄囊大卦訣一卷。考宋吳景鸞、進陰陽天機書序。有云唐開元河東星氣有異、朝廷使考其山、捕其人弗得。詔原其罪。翰遂進授天機書。并自撰理氣心印三卷。元宗賜爵。以玉函藏其書、禁勿傳、唐末兵亂、會求己楊益於琼林庫獲玉函發之。得天機書。云景鑾於慶歷辛巳。承詔進天機心印二書。然則玉函天機。本一書而二名也。脩四庫全書時。謂是書詞旨猥鄙。皆無意義。不類唐以前書。予因考其生尅制化篇。絕無眞理。宜乎提要謂非宋人之舊本歟。

玉尺經四卷

舊本題元劉秉忠撰。明劉基註。秉忠初名侃。字仲晦。其先瑞州人。曾祖官邢州。遂家焉。棄官隱武安山中。更名子聰。世祖在位。濟見之大悅。及卽位。規模制作。皆其手定。事蹟具元史中。聞劉基有淸類天文分野之書。有錄秉忠精於陰陽術。卽宋史不載其有是書之名。永樂大典。備收元以前地理之書。亦無是編。

國朝修四庫全書。謂其多不近理之詞。是後之術家托其名云。華亭蔣平階作地理辨正。攻之甚力。是書內中亦有可取者。故置之不敢辨。地理大成亦有是篇。其題爲陳摶老祖與秉忠合篇。劉賴二公全註。題要指出註中有貴州北界之語。明初始定順元爲貴州。以明其僞託云。

地理大全初集三十卷二集二十五卷

明李國木撰。國木字喬伯，漢陽人。初集之一卷二卷。爲郭璞葬經。三卷至六卷。爲唐邱延翰天機素書。七卷至十卷。爲楊筠松撼龍經疑龍經葬法倒杖。十一卷至十四卷。爲宋廖瑀九星穴法。十五卷爲蔡牧堂發微論。十六卷爲明劉基披肝露膽經。十七至三十卷爲搜元曠覽稱遯菴棠古者國木自撰也。一集一卷。爲唐曾文辿青囊序。二卷爲楊筠松青囊奧語。三卷至六卷爲楊筠松天玉經內傳外篇。七卷至十一卷。爲元劉秉忠宋陳摶玉尺經。附遯菴原經圖說。十二至十四卷。爲宋賴文俊催官篇。附遯菴理氣穴法。十五十六卷。爲宋吳克誠天玉外傳四十八局圖說。十七卷至二十五卷。爲索隱元宗。亦國木自撰。是書凡例。一集專論巒頭。二集專論理氣。以多爲富。眞僞錯揉。又國木自撰附圖附說者居其半。

國朝修四庫全書時，亦經採進，謂其陳因泛衍，絕無取裁，如玉尺經，向稱劉秉忠著，已屬附會，是書更標題爲陳希夷著，劉秉忠集，跋云與師友講論，已成一帙，幸得伯溫先生原本，與予註若出一揆，乃知所謂劉註，即國木假爲之，以欺世云。

沅所得之本，未必如採進本，更可知也，其初說理氣似乎微渺已極，令世之學者，幾無從入首，及閱至要訣之卷，將百二十分金，只以四十八度用丙庚丁辛四度。謂爲旺相。無孤虛龜甲空亡差錯。謂之砂與金分。其淺板若此。又焉能取信於世哉。

地理大成平陽全書十五卷六經註六卷羅經解三卷理氣三訣三卷山法全書十九卷

國朝葉泰撰。泰字九升。婺源人。兩編皆裒集前人堪輿之說。而以己意評註之。亦間附以己作。大旨以楊筠松吳景鸞二家爲主。其論巒頭陰陽。尤尊楊氏。而闢廖金精之說。其龍法論九星。不取五星。其凡例。謂山法流傳已久。其正形正象。

俱葬無遺故曰有遺穴無遺龍若言遺龍惟奇形怪穴人所不識不敢下耳修四庫全書時山法全書曾經採進謂其書所言今白山穴合奇怪無從也斯亦非平易篤實之道矣其六經註將葬書倒杖精義催官青囊天玉寶經附解其羅經撥霧集五行卦例等所以然者畧爲詳解比之鴻宗岩之羅經解似更勝之以訛傳訛不無有之矣其理氣三訣亦從淨陰淨陽八卦配合三合生旺納音納甲之說多與羣書所見畧

同惟永禎訣內多作兩歧之語已令學者無所把握查其配向三說內闢徐試可所撰五合暮合借向之說爲牽强支離頗有明斷何以水法無事訣內又立墓向可借爲衰向之說眞令人有不解也豈不自相矛盾乎

地理辨正疏六卷

國朝蔣大鴻撰張心言疏鴻字平階作地理辨正欲闢三合之說以遵變卦諸說實在其心未有定見特作含糊之語引而不發餙智驚愚耳因

變卦之例。不下十數種。故以圓空大卦括之。眞巧於藏拙者也。是書辨正疏。卷首圖說。是徐芝庭所作。卷一青囊經。黃石公著。蔣大鴻傳。卷二青囊序。曾求己著。蔣大鴻註。青囊奧語。楊筠松撰。姜汝皋註。卷三天玉經。楊筠松撰。蔣大鴻傳。卷四都天寶照經。楊筠松著。蔣大鴻傳。卷五玉尺辨僞。蔣大鴻著。五卷俱有疏註。是張心言所撰也。卷末叢說。盡是張言。卷一之青囊經。按

國朝修四庫全書。各省均有採進。獨於是書未有

明文。或即曜金歌不等。而曜金歌又爲楊家之書是眞是僞。無容辨矣。讀其詞旨。亦古堪輿之善篇也。其上卷不過以圖書八卦。開發天地陰陽之理。即蔣公所解。亦陰陽化育之機。未嘗有論及六十四卦放在羅經二十四位者。張心言謬以六十四卦疏解。并將徐芝庭謬作各圖列於卷首。引後學者入於迷途。雖周易折中亦有六子之說。試問順子逆息之說。出於何經何典。其大謬一至於此。又借邵子所得陳希夷先生。

方圓二圖得以惑世而不知先生之圖爲易理而作非爲地理而作也雖用之亦未嘗無因蓋易理不外陰陽地理亦屬陰陽但易理不盡言五行而地理非識五行之化機不足以發陰陽之奥旨故蔣公釋上卷曰推原道之所從來釋中卷曰指示氣之所從受釋下卷曰因形求氣所傳千言皆泛論形氣耳經之結論曰氣從八方外氣行形內氣止生乘風則散界水則止是故順五兆用八卦排六甲布八門推五運定六

氣明地德。立人道。因變化。原終始。此之謂化成。蔣公曰。雖有智者。不能以私意妄作。何嘗言及盡在六十四卦爻之中。張子以大言欺人。謬爲詳解。非獨爲蔣公罪人。實爲天下後世地理家之罪人也。予疑地理辨正非盡是蔣公手著。觀都天寶照經。首曰楊公妙說無多訣。只爲黃公心性拙。楊筠松乃一代名人。豈以此謬言自稱者耶。況細玩其詞。忽曰楊公妙說無多言。實實作眞傳。忽又曰。筠松寶照眞秘訣。父子雖親不肯說又曰欲求富貴頃時來記取筠松眞妙訣語多不倫試細閱之不攻其自破矣予因考理氣之眞訣不得不直筆透言更恐後之仁人孝子擇地葬親爲是書之悞故得痛切言之知我罪我又何暇計乎

八宅周書一卷

是書不知何代何人手著只有序曰黄帝周書奧秘序云觀其序之詞說已經鄙俚不堪入目迨閱其八宅用意毫無見解妄訂休咎又不伸

明之所以然，故不敢採入，恐爲識者所笑云。

陽宅大成分四種：宅譜指要四卷，修方御病三卷，宅譜邇言二卷，選時造命四卷。

國朝魏若撰。若號青江子，武寧人。是書大旨，專以三合四局爲主，并用九星紫白飛宮吊替修方。立向放水，必以陽順陰逆，反是則爲凶。又以壬子起三合四局，又以來脈與來水會於墓位，照此字起三合成四局也。如會於未，則爲亥卯未木局，作甲木長生在亥，餘倣此。十二支四維同雖從青囊餘旨因青囊末有指明同宮之語王子同宮之說又與地理大成用子癸同宮相背違矣修方御病未免自誇其能論羅經天度差移未嘗荒謬因所立之表每日日移宮註得太過鎖碎明此道者何用告之太淺不明此數者雖心傳口授亦難入其耳目也又用推步之法以建除滿平定執破危成收開閉之尺寸爲一定之例更過於拘泥卽如今之磚司木司用週通尺之類小吉小凶間或有之大吉大凶斷不

然也。但選時造命。多遵憲歷通書。未嘗無理。此書與
御定協紀辨方同年刊刻。故不及遵協紀之精妙也。

羅經解三卷

福建熊汝嶽撰。嶽字宗岩。建州人。是書耑指明羅經三十八層之用。半說所當然。半說所以然是以訛傳訛之說耳。然初學者亦不防閱之。使知前人已有此模樣。易於入手。又千祈不可作規矩不易之道。方無貽悞。伊不過亦以已所聞

而載之耳。非考實精義之書也。切囑切囑。

闢徑集四卷

廣東李默齋撰。巒頭大旨以縮動平欄括之。頗得發微論之明動靜。觀聚散。兩旨爲之挑出。初學者亦不防讀之。至於羅經理氣。只用淨陰淨陽而已。恐未必有如斯之易也。

靈城精義二卷

舊本題南唐何溥撰。溥字合通。里貫未詳。是編上卷論形氣。主於山川形勢。辨龍辨穴。下卷論理氣主於天星卦例。生尅吉凶。觀其言。宇宙有大關合氣運爲主。又言地運有推移。而天氣從之。天運有旋轉。而地氣應之。此主元運之說者。若考元運之說。以甲子六十年爲元。以洛書九宮。凡歷上中下百八十年爲一週。更歷三週。五百四十年爲一運。并有每元主運二十年。輔運二十年。以卜地氣之旺相休囚。如上元甲子一白司運。則坎得旺氣。震巽得退氣。離得死氣。坤得鬼氣。大抵因皇極經世之理而推演云。查考其法出自明初甯波幕講僧。五代時。査無是說。
所以修四庫全書。謂其非明朝以前之書。確矣。
但就其書而論。則所云大地無形看氣槩。小地
無勢看精神。水成形。山上止。山成形。水中止。龍
爲地氣。山爲天氣。諸如此類。甚爲近理。不拘何
代眞僞。姑論理錄之可也。

陽宅井明一卷陰宅井明一卷

乾隆時鄧遂撰。遂字子顓。東莞人。陰宅大旨。俱
遵葉九升撥霧集。陽宅大旨。以東西四卦爲主。

以乾坤艮兌爲西四卦。以離坎巽震爲東四卦。立向行門放水。同卦則吉。不同卦則凶。并有立向納水陰陽圖。共二十八局。不知出於何經何典。不敢强解。若照魏青江之說不止二十八局。而何以子午卯酉只有兼左兼右。餘則单論一局而已。況與協紀長生之說有不合。實難明其爲并明云。

陽宅指要二卷

此書不知何人手撰。坊本與抄本大同小異耳。

其大旨有祿及陽錯陰差之說。又秘錄行門放水。十二字訣曰依洪範龍脈河圖星曜最深沉暗記行門放水之用也。以坐家起長生子癸二字同宮陽逆陰順亦照生旺死絕分其吉凶。俗傳謂倪尚忠所撰。況謂近日之術士。恐不見信於人。借此說謂得倪大合之秘本。以射利耳。觀是書首言倪公在順德。立壬丙己亥之向為訂論年月日應之節。又復引倪公為訂作向口訣。再云倪公宗而用之。即此可見非倪公所撰。無疑詞語粗鄙，不特非倪公手撰，即所立之說，恐都非倪公舊本也。陽順陰逆，百本皆同，獨此書反是。如祿馬之說，理尚通融，至陽錯陰差之說，眞無理可解矣。

八門精義四本

道光年間，趙季錫手撰。錫字渭陽，號浮山，義寧人。是書專論陽宅行門放水坐向之用，其大旨崇用九星并東四卦西四卦之例，查九星變卦之說，以畫卦變而爲九星，有陽宅用大遊年，陰宅用小遊年之例不拘大遊年小遊年均以貪狼屬木此書并以木爲貪狼遊年均以巨門屬土此書并以土爲巨門之類八宮方位則遵紫白原本紫白原本則是飛宮是書則無轉移雖各說非從杜撰得來但用紫白之例而不飛宮似與本原相背兼於禍福絕無轉移似乎太板至論九星似又不能專以木爲貪狼也至論穿宮亦以小遊年卦序由坐家起先點大門逐層照生照推三吉六秀如大門屬水一門作木三

層作火之類。看坐家是何五行以推九星。然則大運衰旺。納音納甲長生等說可以廢矣。恐未盡得精義也。

沈六圃地學二卷

國朝沈鎬撰。鎬康熙年間江西人。字六圃。大旨專論巒頭形勢。而闢理氣。有隨宜安葬訣三葉。所非之說亦頗近理。但謂凡遵理氣者。則爲之危似乎闢之太過。又謂舍形勢而專用理氣者則不可。用巒頭而兼理氣者則無不可。又選擇說一槩謂爲小人鄙夫私心穿鑿假造命之說畧有可從而已。然則御定協紀辨方，都是小人杜撰歟？雖協紀出於乾隆六年，當時未有，但歷象考成、數理精蘊已有之矣。執一偏之見，謂經史所無，即巒頭形勢亦經史所不言，而獨專言其有，何也？大抵理氣選擇二說，即如今之西人辟無鬼之說畧同。謂其必有則不可，謂其必無則不能，當決之若有若無之間，是的論也。

山洋指迷四卷

明周景一撰。道光年間。姑蘇俞歸璞。山陰吳子卿同註。刊行。是書。尚言巒頭。平洋。龍穴。砂水。并未言及理氣也。

龍穴握要十卷

道光初年。廖辰邦撰。邦字吉甫。號聚垣。廣西潯陽人。是書尚言巒頭。而非理氣。其大旨專用九星。參遵廖氏九星穴法。并用楊子九星圖。即楊氏九星亦半取耳。內中有謂九星十一體共九十九變。正格連變格計形五百九十五變。何不再立五體而全其六百變乎。未必如是之微妙也。嵩言巒頭而非羅經。豈古人之用羅經者。均皆謬耶。況有理氣之卷嗣出。予不知續出之見作何語以自解。後亦無是書之出。想大言欺人耳。卷後附宛陵孟天其地理条辨三十條。畧能自完其說。所辟星卦。淨陰淨陽。龍脈方位。亦在理中。既辟羅經。又何能定方向。而遵選擇乎。

人子須知三十九册

明江右徐氏昆仲所著。伯善繼。仲善述言巒頭功夫。似足跡半天下。閱歷已自不少。所立圖說多爲地理大全所裒集。但言理氣水法。似無的當精義。立向則用丙庚丁辛。未有發明用意。故地理大全。謬以無孤虛龜甲釋之耳。

乾坤法竅四卷

乾隆間。范宜賓撰。其大旨。俱從蔣氏。但人云亦云。無甚精義。爲立尊帝二星表。想太悞矣。雖從選擇宗鏡得來。可知其考究之不細也。況宗鏡并未有以戌乾亥起甲子。可謂畫蛇添足矣。

山法全書二卷

是書不立序。不載年號里居。只以鐵嶺高其倬較訂。蕭客筠叟所批註葉九升山法全書耳。并未論及理氣羅經也。

玉函銅函眞經陰陽剪隨圖說一卷

是書題淳熙年。湖南道人黃湼槃撰。其大旨以圖說辨玉函銅函之眞僞。語多穿鑿荒渺難稽。不足考其眞僞。亦無容辨其眞僞也。

形家三十種四卷

是書豫章王協夢彙刊，並無論斷，不過以圈點之耳。其中俱是前人之經，但多僞者。茲於是編前以提要辨謬之外，未及批斷者畧表出之。首卷刊青烏經，題漢青烏子撰。考是書國朝修四庫全書亦無是書，難斷真僞，至語句上亦有可取者，但不言及羅經耳。其次刊狐首經，題漢白鶴仙撰，四庫全書亦未載及。其大旨分天元、地元、人元、山元、水元、勢元、形元、主元、葬元、奇元十節言巒頭之的者多有與各書重覆爲內中多有不典支離之語葬元一節直是大謬更於奇元一節直以十干屬陽十二支屬陰用干則發用支則滯用干則吉用支則凶此等謬言豈不悮世耶有曰目視天星心考地卦之句噫天星不曰以儀測只以目視而能定之耶當謂之糊說經可也其次青囊經卷上已錄無贅批也管氏指蒙題三國管輅撰語句雖無多而無大謬之解但未論及理氣云捉脉賦題晉陶侃

撰。是書雖非漢代。而亦時人能通文理所作。比之僞經不能同日語矣。又葬書一卷。無再考也。地理小卷。題唐李淳風撰。是書之大旨。脈分三種。有起伏仙帶。平受之分。雖文理尚通。而難謂之的當不易。四庫全書亦無是篇。想亦後之人托其名耳。雪心賦。題唐卜應天撰。是書大旨約分十六段。詞旨明白。無大謬處。必係明代或

國朝善於地理者所作。予恐刋者悞刻爲唐人耳。因其結論有曰。收堂之論。深於理。醇正無疵。故知

其非唐人之作也但惜乎未有言及羅經耳撼龍經疑龍經卷上已曾考訂一粒粟題元譚寬藏本相傳楊益著共八十句均泛論之句并無半點實義黑囊經洞林秘訣題五代范越鳳撰兩篇俱人云亦云者耳并無精義是否五代之書姑勿討也四庫亦未見明玄靈城精義卷上亦已詳考八式歌題宋廖伯瑀撰是篇分二十六歌訣言詞鄙俚立論荒唐故非廖瑀所著況其結語曰十傳名秘旨盡是廖公語可知必後

人托詞也。地理正宗，亦有入式歌，題湘陰蔣國。自述爲己撰云。撥砂經，題宋廖瑀金精撰。此篇語多無理，必非金精所著。即論步數，竟以六尺爲步。里數尚屬不精，何能言及天星歟。發微論，卽卷上所考蔡氏之作也。穴情賦，題宋蔡牧堂撰。語句簡當，恨未言及理氣耳。玉髓經，題宋張子微撰。是篇頗長，多有近理之詞，惜亦未有言及理氣者。囊金，題宋劉謙撰。大旨分星、龍、穴、法、案山、四獸、水城、水口六種，獨四獸一節，亦多強解。餘亦能自完其說者多。至寶經。題宋謝和撰。字句是滿紙浮詞。毫無精義。倒杖立向章。謂水合處可作標竿。天地生成。不用羅經。經云。順水要交牙。據標竿之說無交牙可立向乎。餘可知也。望龍經。題宋吳景鸞撰。詞語粗鄙。亦無精義。斷非景鸞所著也。披肝露膽經。上卷已詳載。心經語錄。題宋王伋撰。語雖揀集。而究非擇髓。不足觀也。玉彈子。題元耶律楚材撰。言理既非。多與諸書相背。是誰所作。不敢取也。析髓經。題劉基撰句語雖淺多有近理者初學之人觀之易明但盡闢九星八卦而專以兌丁艮丙巽辛爲六秀而不知六秀之訣只以地母卦例之耳非即兌丁艮丙巽辛爲六秀想後之術者托名劉伯溫撰耳四庫全書亦未載及故知其非耳堪輿管見題明謝廷桂撰意雖與諸書無違但所添之見亦不過畫蛇添足而已即如論龍穴連篇屢續只說得一个便了山水忠肝集題明蕭客撰是篇内中有可用者亦有謬論者爲論淺

深此章甚拙豈有氣雖棺底起必從棺蓋入乎
水法八局圖說題云高章之擇要取於蕭客也
已上各篇均無分論及羅經而此章放水專以
辰戌丑未爲水口順逆則爲八局立向則用甲
乙丙丁庚辛壬癸爲金木水火八局天下事豈
能以八向而盡陰陽二宅之吉位乎況五行之
中獨遺其土非正理也平洋心法題池東汪思
迴輯想亦
國朝人耳言巒頭亦能自完其說放水則用四局長

生立向只用四局。雖無大謬。但未精耳。成氏雜纂數頁。王氏自輯徵信錄。俱非言理氣者。置之可也。

羅經秘旨一卷

己忘記其作者姓名。此前十餘年抄於友人家藏本。全卷分十二条目。共二十七頁。三盆分金。俱與地理大全同解。爲二十八宿坐度。另立一見解。如角宿管十二度。太以一二度吉。三凶。四五關。七差錯。八凶。九北斗高起星吉。十十一吉。

十二并太凶之類但其如何是吉如何是凶俱不說所以然而各宿內有指出星度皆與現時恒星居黃赤二度均皆不合不知其由於何書得來查其載文星將星在氐宿之四五度處陰德監司居房宿一二三度太子侍從白虎螣蛇居心宿紫微帝座居尾宿之類竟與天文通誌經星彙考大相懸絕又有渾天星度五行謂二十八宿內分七曜各有所屬一宿之內又分五行金十二木十二水十二火十二土十二共得

六十位。配以六十甲子。而甲子内。惟戊寅龍管七位。五火。丙太。餘五十九龍。各配其一。謂與透地納音相爲表裏。如軫十七八至角四度屬金。角五至十屬火之類。遍考其原。并無根據。似照納音順數則合。唯戊寅五火丙太。或管五度。或管七度。不知其義矣。故於考原之卷詳列。俾同學者再訂。

地理穿山透地眞傳一百零七頁分二卷

國朝康熙戊戌嚴陵張九儀撰。其大意以穿山看龍之入首屬某五行。作透地坐穴五行取用。以坐穴爲吉。以比穴爲相。以砂生穴爲吉。砂比穴爲相吉。穴剋砂爲旺吉。穴生砂爲洩凶。砂剋穴爲煞凶。用八宅九星。而闢長生說論水法亦以位之生者爲旺。位之剋洩者爲煞爲衰。立向則天盤地盤互相參看。以八卦屬五行。定人家之休咎。如天盤未向。地盤則必半坤半未矣。就以未爲震木。納坤屬五行土。則定以老母土受木尅。多寡母少年亡之類。並云坤多未少。男吐血亡。未多坤少。女吐血亡。此說實難解其義矣。又有天盤一十向。陰陽二宅。俱不能用十四向者。卽午丙。巽辰。艮癸。亥乾。辛酉。申未。卯甲也。所可用者。只有十四向而已。又云水路並流。其禍尤速。直指楊公犯此十四向。爲陽錯陰差。八殺。謂爲害八不知。而專遵徐試可爲得理氣之正宗也。此書云。用八卦五行生尅制化。乃各立見地耳。是無憑之悞人。沅 何敢闢以爲非。至論一山必以某砂爲長房。某砂爲二三四五六房。如是則某房發。如是則某房絕。此論則有悞世矣。怪不得因風水而兄弟爭王葬至數十年。而不得葬者。如何立此謬說以悞世耶。況天下大地立向何向不有興。何向不有敗。試觀古人墳墓。便知此書之謬。無待沅 闢之矣。

增釋地理琢玉斧四卷

巒頭歌括原 福建徐試可撰。此書嚴陵張九

儀。與袁玉書增釋之。卷分龍穴砂水四種。專遵廖氏九星穴法。而非楊筠松也。

地理五訣八卷

光緒年間。湓陽趙九峯著。其大旨專用十二長生。二字同宮。立向放水。并用三合四局。三吉六秀。九星坐穴。至八煞黃泉等例。亦與各書畧同。惟借庫之說。有用之有闢之耳。

陽宅三要四卷

趙九峯著。其大旨取東四宅西四宅爲主。以一主一門配灶定其吉凶東宅三十二門灶西宅亦三十二門灶又東西八宅共六十四門灶大共一百二十八門灶仍以大遊年變卦之例而決其吉凶以八卦所屬而斷其六親休咎也并用紫白飛宮例畧與陽宅井明同用而論斷又各有異耳

地理直指原眞六卷

康熙間徹瑩和尚著其理氣大旨用三合四局十二長生二字同宮先觀某龍入首再觀某水

出口當作某局而後立某局旺祿如亥龍入首水出未丁方則當作木局向丙火旺立兼己為祿旺尚能自完其說立午向兼丙為借祿眞不可解矣又立說宜可不顧龍必要認水立向餘同此類又借庫之說亦同此例而闢淨陰淨陽至論龍方位無貴賤亦頗有理論黃泉與通德類情同意論巒頭多有釋義不暇一一指出之因是書專考理氣之原不能再及巒頭云

地理正宗十二卷

嘉慶甲戌。湘陰蔣國註、卷一青囊經。黄撰。蔣平階傳。卷二。葬書。郭撰。國註。卷三。撼龍經。楊著。國註。疑龍經。楊著。國註。卷四歸厚錄。不列作者名。只以明冷謙註。從厚錄。仍不書作名。只寫蔣國註耳。卷五。青囊序。曾著。平階註。青囊奥語。楊撰。姜汝臯註。天玉經。楊撰。平階傳。都天寶照經。楊著。平階傳。卷六。天元五歌。蔣大鴻著。國註。天元八寶序。蔣國補註也。天元烏兎經。楊著。國註。卷七。天元九畧。天元羅經表。題無極子圖。俱蔣國自撰卷八。精義篇。唐何溥合著。蔣國註。卷九。玄機賦。蕭客朋山著。八式歌。卷十。揭要。十一山龍語類。俱蔣國撰。平沙玉尺辨僞。蔣平階著。各卷首篇。蔣國均有小敘論焉。其大旨俱遵蔣大鴻用卦之議。而闢各說。凡諸五行。共二十五條。又本部補論十二條。均以爲僞造之說。想必起塲會廖賴於九泉。方能與之駁論也。觀其詞旨。亦用九星耳。而特闢小遊年。大遊年。變卦爲僞。得以飾智驚愚。地理大全。曾照改立圖式。即協紀亦云非有一定之例也。觀其天元九略圖。便可知其附會倘除舊式并大全蔣氏三圖之外。再爲變之。亦可得也。吾恐專以八卦對代而決天地陰陽之禍福。未必能如是而已矣。

地理秘書六種四卷

乾隆戊申。新平李德貞著。百段經。分前五十段。專論巒頭古歙附註之後五十段。專論理氣。但有論而不明斷。如論百二分金。則謂向與局相合。不至差錯。論穿山則謂穿山木氣不宜作金局論數長生則曰數不得長生通不去所謂不識宗枝俱亂傳之數但不指出如何爲局如何爲氣長生如何起例倘後之人既明其例又不待公言之矣又解江東卦江西卦南北卦并無半點眞義論房分則古敍亦謂其沿習俗見矣卷三披肝露胆經透山脉腑口訣卷四靈城精義天機心竅兩卷均與別本同耳此書四卷俱註就園校刻也

張宗道地理四卷

明永樂張亘著。此書分論龍穴砂水。字句粗鄙。亦無精義。怪不得其序。謂以訓子之作。且禁勿浪傳。恐爲天譴。沅不知其恐悞人之譴。抑恐洩天之譴耳。可發一嘆。

山家肪玉四卷

此書大約書坊擇錦撮而刻之耳。所刻葬書二篇。撼龍經。疑龍經。一粒粟。雪心賦。鐵彈子。發微論。怪穴歌。扒砂經。五十段。析髓經。地理指迷。俱節錄之耳。

地理不求人五卷

是書刻乙巳吴明初彙訂。不知其何時人。想亦國朝人耳。因爲其作序者。書奉政大夫曾論題。知其爲近時人也。分金木水火土五集。金集論龍。木集論穴。水集論砂。火集論水。土集論及平陽。並陰陽二宅。理氣立向。則宗催官篇。陽宅則遵八宅周書。二十四宅則五行門二十四圖。放水二十四圖。每圖下註一歌訣。訂其吉凶。俱云楊公所斷。不知在何處得來。歷查諸書。均無其説。想

亦杜撰者耳。至羅經盈式。星度移宮、大不然矣

地理元文四册內附地理辨正圖說并周易葬說一卷

道光乙酉。端木國瑚註圖說則徐廸惠定也、一

册。天玉經、二册。寶照經。三册青囊語。四册。青囊

序。卷末附辨正圖說與。周易葬說。其大旨以河

洛八卦陰陽。強爲釋註、各經之後。卻八卦陰陽

之理。與地理非爲無因、但強爲牽註。豈不是悞

世耶。觀其圖。以子申辰起一、逆佈於二十四向。

而將五數歸於中。餘三八二十四。作爲三卦。而

外圍用亥卯未起一。亦用順佈于二十四位。仍歸五于中。以合坤壬乙之位。內外俱二為巨門。而艮丙辛內外俱七為破軍。乍然觀之。似為合理。試細考之。則巽辰亥與甲癸申兩訣。寔無着落也。故將此圖核繪于管見之卷。再伸明之。俾深此道者。得以考訂云。

四秘全書十二種分理氣數形共十三卷

嘉慶甲子。豫章尹一勺子著。首部徵驗圖考。卷一青囊經義。蔣氏傳註。勺子補義。附勺子天元全義大雌雄大交媾說卷二　一青囊序註補義蔣氏傳註句子補義卷二　二下青囊奧語姜氏註句子補義卷三　三天玉經蔣註句子補義卷四　都天寶照經蔣註句子補義附交媾直指卷五　元女三字青囊經句子疏義卷六卷七　太素催官篇句子註卷八　無極子授蔣大鴻述句子發義卷九蔣氏著句子發義卷十卷十　一陽宅指南陽宅得一錄三格辨俱蔣氏著句子發義卷十二賴太素葬法句子發義卷十三卷十四　地理精

語。句子註。憶自蔣大鴻地理辨正一出。後人則紛紛揣摩其理。各暢其言。而地理辨正大旨。俱以三元氣運為主。得運為盛。失運為衰。而定人家之禍福。其次則用遊年納甲之訣而已。今遍觀釋辨正之義者。爲尹子尚能于陰陽八卦。不指夫義。內中陽宅指南一卷。俱遵三元氣運。亦理氣中所有之要。但二十四向。非能以三元八卦而能盡括其義耳。必要透夫五行生尅制化始為近道者也。然陰宅與陽宅復有大同小異之别。况理氣之要。差之毫釐。則謬之千里乎。

地理知本金鎖秘四卷

嘉慶間。鄧恭著。恭豫章人。是書之大旨。欲發明地理辨正之義。遂將易詞謬爲牵入。空發議論。而字句上特作半通之語。得以飾智驚愚。而用三元氣運。總謂之玄空大五行。說到有玄之又玄之句。又謂言之不能言。解之不能解。是謂之奥妙。嗚呼。予歷觀地理之書。言理氣者。雖未得精義。而必有一二可取者。言巒頭十居八九。皆同一理。而此書不拘巒頭理氣。固無半點精義。又復議論荒唐。凡書以明晰開發人之心思。此書以蠱惑眩人之智慧。後之人觀是書者。當沉之深淵。誠如徐公云。當爲魏收藏拙可也。

巒頭心法圖訣二卷附天玉經註一卷青囊註一卷

咸豐年間。蔡麟士著。其大旨將理氣附入巒頭。而作七十二圖。以所當然註之。作爲定式。而不發明所以然。其圖說有曰。圖內所圖。半屬未點之地。天珍地秘。以待有德云。有識之者曰。麟公心法甚無通七二形圖盡屬空既有許多珍秘地何不將來葬乃翁雖是譏諷之詞實亦人情之語姑勿論其是真是偽如立向不說明所以然即著書何用雖將理氣各訣細考其原便能明其用意噫我既知其原亦無煩先生之圖解也後附葉小榕註解天玉經青囊序雖非盡屬荒謬然究非精義獨解乾山乾向一節頗合義理而解各卦之說多非真義耳況青囊序下卷與各本不同其詞語粗鄙可知杜撰無疑考理

氣者。可不察乎。

陰宅集要四卷陽宅集成八卷

乾隆間。華亭姚廷鑾輯。陰宅仍分龍穴砂水。集前哲之經。萃爲指要。而論斷少少註解于下。而圖之究不如啖蔗錄之顯典。然啖蔗錄未有論及理氣。此書有龍辨理氣一節。仍論五行生尅。但剝換忌雜。單行雙行之解。恐非的義耳。陽宅大旨。崇用飛宮九星氣運。坐向亦丙庚丁辛分金。此亦各遵一說。非與金鎖秘強爲杜撰。但恐未能盡理氣之奥耳。而注有寄針八法。下針應驗。兩說則大謬矣。是不格物。而爲人惧也。黄泉訣。前有殺人黄泉。救貧黄泉之說。通德類情强解而通之。今是書又添多四經黄泉。反覆黄泉十二支黄泉。豈不惧世耶。八宅周書。分東西四宅。已不可說。此書添分東西四命。不知其能驗否耳。至起各星曜例。多遵滚盆珠。云尊帝星考。大不然也。

地理啖蔗錄八卷

乾隆間豐城袁守定著其大旨專用巒頭未暇言及理氣所論亦甚簡明并傍引各經爲訂初學者入首最宜雖議論不無有少瑕疵但大局均皆正當不至引學者入於迷途觀其論前人之書謂李國木大全是盜兩徐之本論大成謂拾諸家之遺註於平陽又謂平陽三局未及分晰論各書皆如此類可知其人之用功非比得一知半解以謬言欺人之流也

地理末學三卷

乾隆紀大奎著奎臨川人是書之大旨專論理氣用立向則畧遵李永國取旺相無孤虛差錯空亡龜甲之理而特改百二分金不重其甲子又將七十二龍與六十龍分陽順陰逆相對于丙庚丁辛四位爲的當旺相也雖謂之爲分金仍不取五行生尅即如李國木解各圖考相似特費盡心力引青囊天玉玉尺等經以闡發之及所用只四十八位丙庚丁辛而已至論水法多有不合如坤壬乙例則曰文曲從頭出黃泉

例則曰大神中神失位之數又以帝旺水爲羊刄水進神退神以沐浴爲吉以墓庫爲凶之類此皆爲專用辰戌丑未四大水口故有是悞耳

以上所錄各書俱皆坊本所有故順筆論及至借閱友人家藏秘本指不勝屈不敢妄指其疵有勦集前人之書錄爲一部目以書名如地理至寶秘訣十六卷是也而不知坊本均有刻售何暇與之辨哉有等專遵一書而後添以些少議論復目以書名如陽宅庭訓之類是也非謂未有發刻遂便闕之不用然所觀者亦皆前人之範圍故不贅錄耳

選用天星數理提要

理氣之書上言天文下及地理然後傍參五行陰陽此乃一定不易之術豈可以一知半解自命爲識理氣乎況天文之書非絶世聰明畢生難盡沉之天資既魯而學力又復無幾豈敢謬言星士姑將所曾選用者録之其未及讀者雖得其一二亦不敢録古人云出醜不如藏拙其是之謂歟

恭讀

御定數理精藴五十三卷

康熙五十二年

聖祖仁皇帝御定律歴淵源之第二部也。是書實爲數學之祖。欲知星學者，不深究其書，何能考諸理氣耶。

天文大成八十卷

順治壬辰黄大將軍鼎著。是書將歴代經史志集傳說，共一百五十五部，撮而收之，分别圖考度數星垣占驗等類，列爲八十卷，查近數十年

問星體之變頗有應驗如通天曉等之僞書焉可與之同語歟

御纂周易折中二十二卷

康熙五十四年

聖祖仁皇帝御纂提要曰自宋以來惟說易者至夥亦惟說易者多歧門戸交爭務求相勝遂至各倚於一偏故數者易之本主數太過使魏伯陽陳摶之說竄而相雜而易入於道家理者易之蘊主理太過使王宗傳楊簡之說滥而旁出而

易入於釋氏明永樂中官修易經大全龐雜割裂無所取裁由羣言淆亂無聖人以析其中我

聖祖仁皇帝道契羲文心符周孔

幾餘典學深見彌綸天地之源

詔大學士李光地採摭羣言恭呈

乙覽以定著是篇冠以圖說殿以啓蒙未嘗不用數而不以臧談河洛也然每觀理氣之書凡言卦者必談連山歸藏而不言周易者其意何居實因周易具有折中在而難以謬論特以連山歸

藏爲之飾詞聾聽耳。故沅將説易之書四百八十五部。僂羅考連山歸藏之原者。别錄三易考原一篇。以明眞贋可也。

梅氏叢書共七十四卷

國朝梅穀成重定其祖父梅文鼎之書也。鼎字定九號勿菴是書以算學而兼歷數。其歷學之書。共二十三卷。餘皆算學也。欲識天星度數非從算學歷學無以入手。説理氣者當細觀之其首卷曰歷學疑問三卷論歷學古今疏密。及中西二法。次歷學疑問補二卷。亦雜論歷法綱領。次交會管見一卷。次交食蒙求三卷。俱論日食月食方位推算法數。次揆日候星紀要一卷。列直江河陝四省表景。並三垣列宿經緯。次歲周地度合考。乃考高卑歲實及西國年月地度。次冬至攷一卷。用統天大明授時三法。考春秋以來冬至。次諸方日軌高度表一卷。乃以北極高二十度至四十二度。各地日軌。各按時節立為成表。次五星紀要一卷。總論五星行度。次火星本法。專論火星遲疾。次七政細草一卷。載推步日月五星法。及恆星交宮過度之術。次二銘補註一卷。乃所解仰儀銘。及簡儀銘。次歷學駢枝四卷。乃所註大統歷法。次平立定三差解一卷。推七政贏縮之故。次歷學問答一卷。乃與一時公卿大夫以歷法往來問答之詞。是書與文鼎歷算全書。俱無少異。但編次不同。并附毅成所作赤水遺珍。操縵巵言二卷於後。但火星本法不及勿菴之周密也。

御定歷象考成十卷

乾隆二年奉

敕撰新法算書推步法數皆仍西史第谷之舊其

圖表之參差解說之隱晦者

聖祖仁皇帝歷象考成上下二編研精闡微窮究理

數固已極一時推步之精示萬世修明之法也

第測驗漸久而漸精算術亦愈變而愈巧然第

谷舊法經緯俱有微差雍正八年六月朔日食

以新法較之纖微密合是以

世宗憲皇帝。特允監臣之請。命修日纏月離二表。續於後。吏部并增修表解圖說。使無失傳。而其理仍與
聖祖仁皇帝舊製。符合。益見
聖
聖相承。先後同揆矣。
經星彙考一卷
同治壬申。南滙賈步緯撰。是卷賈步緯之算學第八卷也。是書專立黃赤二度。近年甲子之恆

星表卷首繪赤道恆星南北二圖次載隨丹元子步天歌又東西歲差考南北歲差考恆星隱見考恆星高卑考恆星行度考天漢界度考恆星總記附求恆星逐年黃赤經緯度法均列卷首其餘分列三垣二十八宿內恆星度數分列某宮某度通計周天三百座恆星其下則列各星之等數雖經星通誌具有詳載究不如年歲相近者易於查考也查漢甘石經星二卷今亦殘闕不全難以考驗陳振孫書錄題解有步天

歌一卷。或曰。唐王希明撰。自號丹元子。而鄭樵通志天文略。則曰隨之隱者。樵之天文略全採此歌。又隨志不見他書所載。不知樵何所據。然李淳風亦不知其人。至唐書乃稱王希明也。疑以傳疑。闕所不知可矣。四庫全書亦稱歷代傳爲隹本。鄭樵亦云。世有數本。不勝其僞。然此本至今遵之。且與明萬民英之星學大成無遺。想亦眞本也。查國朝江永有算學八卷。俱載歲實節氣日月五星等術。其第八卷曰算賸。是推衍三角諸算法。實與賈氏八卷之不同也。

皇極經世易知八卷

乾隆間。何夢瑶輯。瑶南海人。號報之。是書本物理之學。而能否與邵康節先生原本異同。難以查對。據四庫提要。謂皇極經世十二卷是通行本。乃宋邵子撰。邵子數學。本於李之才。之才本穆修。修本於种放。放本於陳摶。蓋其術本於道家而來。當之才見邵子於百泉。即授以義理物理性命之學。皇極經世蓋即所謂物理之學乎。

其書以元經會以會經運以運經世凡興亡治亂之蹟皆以卦象推之云云自是書一出後之人揣摩其說者畧無眞傳　國朝王植有皇極經世十四卷宋鍾過有皇極經世類要九卷明黄畿有經世書傳八卷明楊向春有經世心易發微八卷　國朝徐文靖有皇極經世考三卷明胡獻忠有大統皇歷經世三卷或以九宫紫白立說或以年月日時分晝夜進退積成一元或以論干支生尅五行制化有議其乾不爲天

而爲日。離不爲日而爲星。坤反爲水。坎反爲土似與邵子之學迥別。沅雖未得見康節先生眞本。然考諸典籍。實何夢瑤之本。畧爲相近。即亦於地理無所損益耳。

遵用選擇造命提要

案五行休咎。見於洪範。蓋以徵人事之得失。而反求其本。非推測禍福。預爲趨避計也。後世寖失其初。遂爲術士之所託。然近用堪輿世之所尚。自天子以至於庶人。無貴賤一也。理氣之門有七。曰五行家。堪輿家。建除家。叢辰家。歷家。天文家。太乙家。漢志則併爲陰陽五行家。但堪輿等六家。歷古至今。未有評定。以遵何說爲長。而歷學之要。自有

御定之書在且

聖序皇皇特標敬天之紀。敬地之方二義。而以人之

禍福。決於敬不敬之間。故沉管見之書。必遵

御定書內有言及者。即所謂敬不敬之意。觀是書者。

當會斯意可也。

御定星曆考原六卷

康熙五十二年

聖祖仁皇帝御定。初。康熙二十二年。

命廷臣會議修輯選擇通書。與萬年書。一體頒行。而

二書未能畫一。餘相沿舊說未能改正。是年因
簡命諸臣并大學士李光地等。重爲考定以成刪其
鄙俗。而括其綱要。於順天之道宜。民之用。
大聖人之於百姓事事欲其趨利而遠害無微之不
至矣。

欽定協紀辨方書三十六卷

乾隆四年奉
敕撰越三年告成進呈
欽定凡本原二卷。義例六卷。立成宜忌用事各一卷。

公規二卷。年表六卷。月表十二卷。日表一卷。利用二卷。附錄辨僞各一卷。舉術家附會不經繁碎多礙之說。訂以四時五行生尅衰旺之理。蓋欽天監舊有選擇通書。體例猥雜。動多矛盾。我聖祖仁皇帝。嘗纂星曆考原一書。以糾其失。而於通書舊本。尚未改定。是書乃一一駁正。以祛羣疑。足以利用前民。至於御製序文。特標敬天之紀。敬地之方二義。而以人之禍福。決於敬不敬之間。因習俗而啟導之。尤仰

見

聖人牖民覺世開示以修吉悖凶之理者至深切矣即四庫提要所遵用之沉豈敢謬參末議乎

陳子性藏書十二卷

國朝陳應選撰選字子性廣州人康熙諸生是書專爲選擇而設首列理氣天體論太極圖說次論羅經繼言選擇多取舊說斷其得失亦自發新論并太陰太陽過度皆用古法提要論其推之今法多所未合又謂推演後來流年亦頗

譌舛。又如何尚公煞等名。亦多不可信。唯用真太陽到向到坐法及六氣元機定局。尚為合理云。是書成在欽定協紀辨方之先。故不及協紀之適當也。

崇正闢謬十四卷

國朝乾隆辛卯。臨川李奉來輯。是書專為選擇之本。凡選擇之用。靡不具載。其大意專闢諸家斗首之謬。及各神煞之謬。雖宗協紀。仍未免有遵俗例。但其所解三盆之義。與通德類情。四庫提要。互相反拗矣。獨尊帝二星。所立疑案。亦有見解。沆因之另立帝星考故也。至解千金歌六但太陽之說。絶無根據耳。故發明之。

選擇求眞十卷

同治八年。榕城胡輝著。是書專遵協紀辨方。崇正闢謬二書。另參己見。辨論辨謬。并傍引楊公葬課以訂造命之用。頗不碍夫正理。并內有將所以然之說。詳解篇中。不無少補於初學者。比之僞書。得一知半解。遂立議論荒唐者遠矣。然尊帝二星之說。雖不遵闢謬。究尚未得其實據也。故復考之。

通德類情十三卷

國朝沈重華輯。華字亮功。吳興人。是書大旨。以選擇爲主。兼論理氣。選擇仍遵協紀義。不能偏但所論八路黄泉圖。半有可遵者。又駁六十龍并七十二龍之論。頗與提要暗合。其闢净陰净陽及禽星五行。當從其說。至闢三元氣運而用縫針之東西四卦者。亦不無所見。又畧偏矣。故姑存其說以俟考訂云。

發明辨謬之謬管見論內附四經五行小元空五行

孟子曰楊墨之道不息孔子之道不著闢謬之要莫要於此自孟子至於今誰不聞之誰不知之茲者釋道兩教尚不能免是則闢謬之難不待言矣大聖人皇皇正理別無兩途尚有邪教以亂之況乎理氣若有若無之說又焉能盡闢其謬而專於一者哉予遍觀地理之書必立一辨謬辨正之說信此則闢彼信彼則闢此況理無兩是又奚從乎況是以再辨其闢謬之謬再

正其辨正之謬。聊申管見。俗語有云。曰杜撰怕算數。此之謂歟。理氣之書。內有大謬者四。其一謂南針畏午中正線之火相尅。故南針不指正午。而偏於丙。并立謬說。謂賴公縫針之午位。正與天上之午位恰合。又引土圭測日之差。以爲訂據。其大謬莫過於此。何也。土圭臬影測日。非用平水亦難的當。況日行晷度二十四氣。行度遲速互異。更兼各國各省地之高低出極不同。持此論者。實不明天道。即地道亦不明也。若果定南針。謂其常偏於丙。何不名之曰指丙針乎。正針之二十四向。亦可以廢矣。伊等不明測量之法。以訛傳訛耳。設如廣東廣府。與京師比較。偏西二度半有奇。照推交節時刻。則早京師一十四分有奇。蓋因地之偏西。則見太陽過宫早。故其交節早。地之偏東。則見太陽過宫遲。故其交節亦遲。伊等不明其理。謬以南針巽午火之相尅。真爲識者所笑也。此地理書之大謬一也。地理書用五行者。有十餘說。最謬者莫如禽星五行宜夫協紀辨方謂其以不齊之天行按一定之星舍萬無是理即十二支所肖天地間庶物萬類豈特十二禽獸爲哉況無義理不足信也明矣又何待沅辨之乎此二謬也其次如四經五行小元空五行又何爲強解而至於此四經五行者又謂之大元空以乾丙乙子寅辰六山爲一龍屬金艮庚丁卯巳未六山爲三龍屬水巽辛壬午申戌六山爲二龍屬木坤甲癸酉亥丑六山爲四龍屬火凡龍向只在六位中往

來爲淸純。主大貴。其大旨有六。有謂干爲零神。支爲正神。有謂正管人丁。零管財祿。有謂山向水路要順序。有謂龍向水路宜在一龍所屬之內。有謂水要回頭。仍籍其龍所屬。有謂水流忌流破一龍所屬長生。六說之內。均無半點眞義。一味牽強支離。地理大成尚謂其深得洪範之妙。即洪範五行。協紀已千辛萬苦。不能代爲之解。後於畫卦之說。始能強解通之。亦不敢用。宜夫此說協紀不取之也。又謂二十四山無戊己而戊己土居于中以四方有金木水火四行而已故謂之四經而不知四時與四方均有土藏於其中況五行奧理即金木水火無土亦不能生五行豈可偏廢乎即二十四山而論先哲以坤艮二方之土以爲金木二行轉生之機具有精理又何爲而強名之四經乎又曰用四行故謂之元空何乃青囊序有云明元空只在五行中可知其不讀書至有此弊此地理之三謬也

小元空五行者其訣曰丙丁乙酉原屬火乾坤

卯午金同座寅癸艮甲是木神戌庚丑未土爲眞子寅辰巽辛兼巳申與壬方俱水神其所解之義謂之五行變性情況謂其所作之八變性情耳非五行變性情也蘗九升解之謂四陽喜受生壬水受金生甲木受水生丙火受木生庚金不能受火生故變土以受生可謂不通之極四陰喜生子之説更不通辛生水而變水癸生木而變木乙生火而變火丁不能生土故守其火焉可笑以八支言萬物生於天歸於地四生

爲天道以水爲生氣此說更奇故寅申巳皆屬水唯亥木屬水其性喜生木故變木也四墓丑戌未皆屬土惟辰爲水中之濕土故變水以八卦言之乾以爲陽卦性剛不能移照屬金水艮震雖陽而中爻皆陰艮土喜生木故變木震木喜金斷故變金眞可謂想入非非矣巽爲弱木喜水生故變水坤爲慈土喜生金故從金離爲炎火其性戀金故爲金兌爲精金情在得火故變爲火其說強解荒謬一一至於此亦可想其人

之功夫學力也。倘不明其說。姑存之可也。又何必强解以累後之人哉。所以協紀辨方。亦置之不取。入耳此四大謬也。四謬之外。非盡的當者。然能自完其說。姑置之可也。至如陽宅之用東西四卦。亦不無有礙正理。其法以納甲所屬起河圖。納於三八者。盡作東四卦。納於四九者。盡作西四卦。易曰乾西北之卦也。而名之曰西卦實於易理。大相背違矣。智者斷不遵之。雖協紀亦有收入解之。沅恐同學偶爲所誤。故於考原之卷在縫針納水圖之處俾而明之雖不錄用亦使知其所以然耳況納甲之說協紀搜羅各說始得其原今又將納甲之方變爲東西四卦幷不知出於何時何人所撰至通德類情亦謂其一六共宗三八爲朋一七爲偶四九同途之說爲一家骨肉若出卦如路人仇敵云恐非正理耳故必於考原各說細察其義方無誤用之虞

辨謬續論

憑理難窮天下事。究心勤閱古人書此。沅前廿餘年之舊作也。不意遂成詩讖。沅因考理氣之原。初集既成之後。復再尋地學各書重加考覈。欲補前卷所未及也。

孔聖有曰我學不厭。聖人上智其勤學且如是。何況沅等中資智慧欲知理氣之源豈有止竟耶。復計所閱之書不下百餘卷。無暇補入提要辨謬卷內。但閱至羅經解定一書已多無稽之訣。惟內中有稱秘訣而大有害於理者。故不可不辨不得不辨也。一則發明理數之眞僞。一則免貽悞後人是書大旨。端闢徐試可而遵熊宗岩之羅經解也。雖徐試可之論未得謂之精。而宗岩之解亦未得謂之的。況又雜以謬說可不辨乎最大謬者卷末附刻陽宅都天發用全書將六十年花甲撮爲六十圖說所論趨吉則有三太陽云云。首重歷數太陽。凡太陽頂度。或三方蓋照。及分房穿得者爲吉。再加太歲下流年太陽又到此方修動最吉若太歲與都天同宮吉凶參半云此理雖非大謬然太陽三方拱照及分房穿得者豈能獲福乎但論避凶理非大謬然其起例各煞之飛宮實大謬耳查

欽定協紀辨方各神煞起例凡二百九十有一条目有從年干起者有從年支起者有從月干月支日干日支起者有從變卦或五虎遁等等起者未有如此書由戊子煞泊宮起建又從破字逆數起羊刃飛刃疊刃血忌紅羅天喜重遊暗箭

之理。又謬謂破字起正月。順佈而三六九十二月則寄于中宫之四正位。況又謂修天喜最吉云云。照七政起例。甲申年天喜在丑。照此書則天喜在午。既已不合。而申子辰年煞在南方巳午未。如是則修天喜方。即是修灾煞方耳。豈得謂之吉乎。其大謬一也。又據其總論有曰。天喜占坎。飛及占離。雖云犯煞冲動。天喜有禍即解。并囑以此法極秘。不可妄傳。何其謬一至於斯。照該圖說內申年天喜在坎。飛及在離。而丙申年災煞亦在午豈有修災煞而能解禍乎其大謬二也照此六十圖而俱犯此二弊者無年不然其餘悞以吉爲凶悞以凶爲吉者指不勝屈間有似是而非之謬未深此道者容易被其欺誤即如有憑而無謂之謬咒針之法是也豈有咒其針又三擲或七擲可以驗針之氣乎況有曰針向東搪針而知地下有牛狗骨之類況針而知地下有蜂蟻蛇之類如針向南欺針而知地下有異物之類針向中搪針而知地下有銅

器如鐘之類。正針則百祥種種無稽之談。請一試之。可立知其謬矣。用針豈有東西南北中之分乎。孟子曰。盡信書。則不如無書。誠然。

考源便覧序

且夫地理之書由来久矣其間分門別戶愈駁愈奇或則議論縱橫似是而非大言者驚愚而飾智或則寡聞淺見一知半解固執者惑世誣民甚至不学無術貽誤蒼生異学争鳴軌儀後世傳華鮮擇不究本源失實無稽莫窮底經

所以愈趨愈下，流弊靡涯。沅於是積月經年，拂其蕪而齊其末，考搜遺緒，溯其流而清其源，執簡刪繁，由博反約，歷歲同歸一轍，遂不分歧，俾同學者心目了然，便於採擇，是為序。

光緒癸未南海芷馨陳衍沅謹並序

理氣溯源卷二目録考原便覽

後天八卦方位

先天卦配河圖之圖

後天卦配河圖之圖

先天卦配洛書之圖

後天卦配洛書之圖

變卦圖說考

先天六十四卦圓圖考

先後天六十四卦比例圖考

六十四卦方圖

二十四長生考

二十四長生圖

正五行圖

中針雙山五行圖

洪範五行圖

正針中針縫針三盤圖

小遊年變卦

天定卦

天父卦

理氣溯源卷之二　考原便覽上

理數淵源考

易曰。天生神物。聖人則之。天地變化。聖人效之。天垂象。見吉凶。聖人象之。河出圖。洛出書。聖人則之。是故天下後世凡言數者莫不以河圖洛書爲本。前聖因之以畫卦。後聖因之以衍疇。後世星相醫卜諸書均以爲河圖洛書始也。歷考諸書。俱以一六爲北方水。二七爲南方火。三八爲東方木。四九爲西方金。五十爲中央土。所論的當不易。間有謂由西四九金生北一六水。復由一六而生東三八木。又由三八而生南二七火。又由二七而生中央五十土。又由五十而生西四九金。專以五行順生爲序。沅謂此說未能盡其奧旨。陰陽說云。只知其生未知其剋也。易曰。有天地然後有萬物。地居天之中。故五十中央土也。五行爲萬物之首。所以土居中。四隅金木水火爲生剋之義。備矣。土受東方之木氣所剋。而生西方之金氣。土受南方之火氣而成。復剋北方之水氣。生剋制化。本始於此。據黃帝素問論。黃帝問。於伯岐。五運之始。伯岐引天元册文曰。始在戊巳之分。故以土居中無疑以五而居十之內。是內陽而外陰也。一居於六圍之裏亦內陽而外陰也。二居於七圍之裏是內陰而外陽也。一六水與二七火相對。是陰陽相錯而相尅也。三居於八圍之裏。是內陽而外陰也。四居於九圍之裏亦是內陰而外陽也。三八木與四九相對。亦是陰陽相錯而相尅也。自中土而生西金。西金而生北水。北水而生東木。東木而生南火。南火而復生中土。合而觀之。是生生尅尅。不盡不絕之義。予謂如此。方備陰陽生尅之體也。豈曰順生之序已乎。

河圖

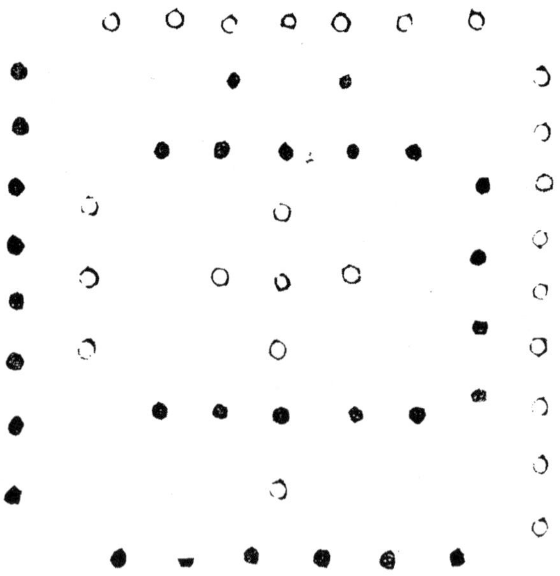

洛書考

前哲以逆尅爲序。於理未嘗不然。子謬論以爲未的當也。觀其紋是戴九履一。左三右七。二四爲肩。六八爲足。一居正北。六居西北。仍以一六爲水則可。七居正西。二居西南。是由南二七火而轉移於西矣。何以不言二七數之變爲金。而反言西屬火。以北一六水尅之。九居正南。四居東南。南巳屬火。東亦屬木。亦不云其數之變而亦作西二七火。尅南四九金。三仍居東。八居西北。仍以屬木。論亦無不可。子謂數對代之變。其說更長、五爲天數之中。故不用變也。一爲天數之始。九爲天數之終。是相對也。三爲奇。是天數。七爲奇。亦天數。故亦相對。天數居四正。則地數二四六八居四隅無疑矣。何以無十數。以其奇與奇相對。而成十。偶與偶相對。亦成十。是十數藏乎中矣。奇偶卽陰陽之數。故五行之位。亦相變矣。姑謬解之。以待後之高明再訂。

洛書

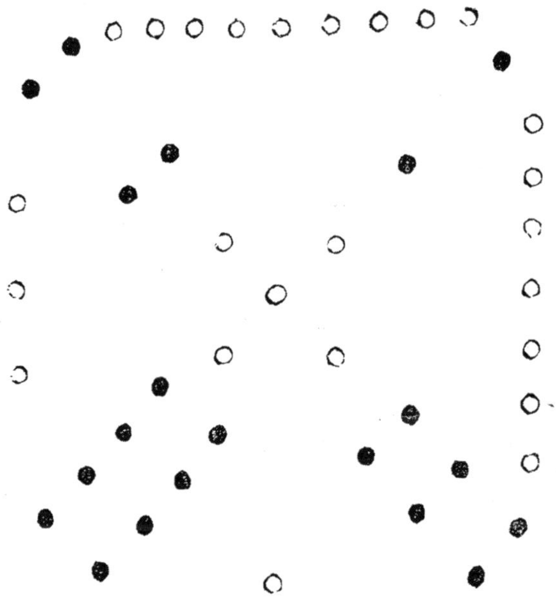

先後天卦陰陽說

先天之陽卦。曰震離兌乾。其陰卦。曰巽坎艮坤。後天之陽卦曰乾震坎艮。其陰卦。曰坤巽離兌。不同何也。蓋先天分陰陽。卦自兩儀而分之。由陽儀而生者。皆陽卦也。由陰儀以生者。皆陰卦也。後天分陰陽。卦自畫爻以定之。其以陽爲主者。皆陽卦。其以陰爲主者。皆陰卦。先天則因乎畫卦之序。而中分之。後天則卦之已成。觀其爻畫之多寡而命之也。其理如何。曰陽儀上有陰卦。此所謂立天之道。曰陰與陽。陰儀上有陽卦。此所謂立地之道曰柔與剛。其法象之自然者如此。曰火之炎熱光明。其爲陽也明矣。澤者水之積瀦爲陽氣所驅。以滋潤萬物者。是亦陽也。水之幽暗寒肅。其爲陰也明矣。山者土之隆起。與地爲一體。是亦陰也。是故先天之卦。陰陽之象正也。其變後天。則火與澤從風。而俱爲陰。水與山從雷。而俱爲陽。蓋有由矣。凡陰陽之氣。未有不合而成者也。然有感應先後之別焉。先有陽而遇陰者屬陽。先有陰而遇陽者屬陰。有陽氣在下將發。而遇陰壓之則奮而爲雷。有陽氣在中將散。而遇陰包之。則鬱而爲雨矣。有陽氣直騰而上。而遇陰承之則止而爲山矣。此皆主於陽而遇陰。所以皆爲陽卦也。有陽在內。陰氣必入而散之。觀之陰霾盡而後風息可見也。有陰在中。陽氣必附而散之。觀之薪芻盡。而後火滅可見也。有陰在外陽氣必敷而散之。觀之濕潤盡。而後澤竭可見也。此皆主於陰而遇陽。所以皆爲陰卦也。總而論之。惟乾純陽。坤純陰。不可變也。雷陽動之始。風陰生之始。亦不可變也。火温煖澤發散。故以用言之則陽。然火根於陰之燥。澤根於陰之濕。故以體言之則陰。水寒涼。山凝固。故以用言之則陰。然水根於陽之嘘而流。山根於陽之矗而起。故以體言之則陽。先天之象。著其用也。後天之象。探其根也。正如仁之發生爲陽。而其柔和亦可以爲陰。義之收斂爲陰。而其剛決亦可以爲陽。陽陰本一氣而互根。故其理竝行而不悖也。出啟蒙附論

先天八卦次序

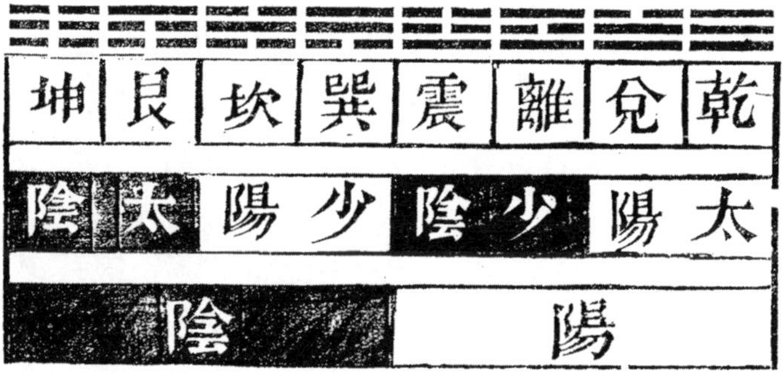

坤	艮	坎	巽	震	離	兌	乾
太陰		少陽		少陰		太陽	
陰				陽			

繫辭傳曰。易有太極。是生兩儀。兩儀生四象。四象生八卦。邵子曰。乾一。兌二。離三。震四。巽五。坎六。艮七。坤八。乾兌離震爲陽。巽坎艮坤爲陰。乾兌爲太陽。離震爲少陰。巽坎爲少陽。艮坤爲太陰。

先天八卦方位

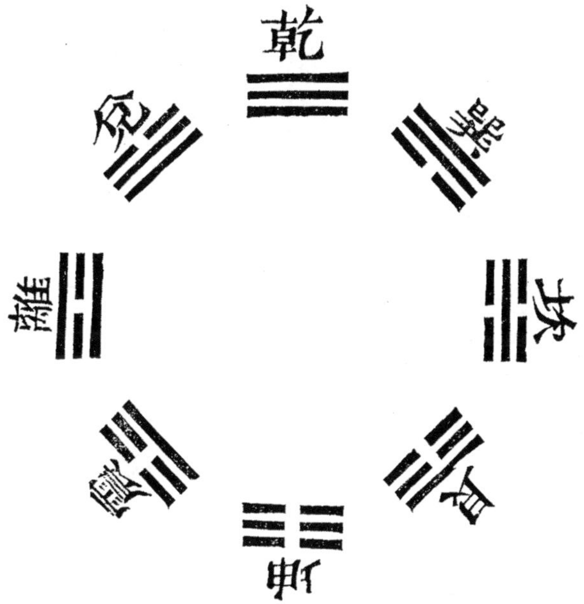

乾
兑
巽
離
坎
震
艮
坤

說卦傳曰。天地定位。山澤通氣。雷風相薄。水火不相射。八卦相錯。

邵子曰。乾南坤北。離東坎西。兌居東南。震居東北。巽居西南。艮居西北。所謂先天之學也。出協紀辨方

乾卦純陽象天。坤卦純陰象地。故乾坤位乎南北。乾坤交而爲坎離。有日月之象。日生東。故位東。月生西故位西。乾變上爻爲兌。水聚東南也。坤變上爻爲艮山始西北也。風從天來。故巽位西南。雷從地起。故震位東北。出通德類情

乾卦純陽。坤卦純陰。南屬陽。北屬陰。故曰天地定位。艮卦屬土。兑卦屬金。艮與中央土相和而生兑金。故曰山澤通氣。巽卦屬木。震卦亦屬木。兩木相併而尅中土。故曰雷風相薄。坎卦屬水。離卦屬火。爲中央土所隔。水不能尅火。故曰水火不相射。八卦之中。自有生尅之義。故曰八卦相錯。芷馨註

後天八卦次序

乾父

坤母

震長男

坎中男

艮少男

巽長女

離中女

兑少女

說卦傳曰。乾天也。故稱乎父。坤地也。故稱乎母。震一索而得男。故謂之長男。巽一索而得女。故謂之長女。坎再索而得男。故謂之中男。離再索而得女。故謂之中女。艮三索而得男。故謂之少男。兌三索而得女。故謂之少女。

後天八卦方位

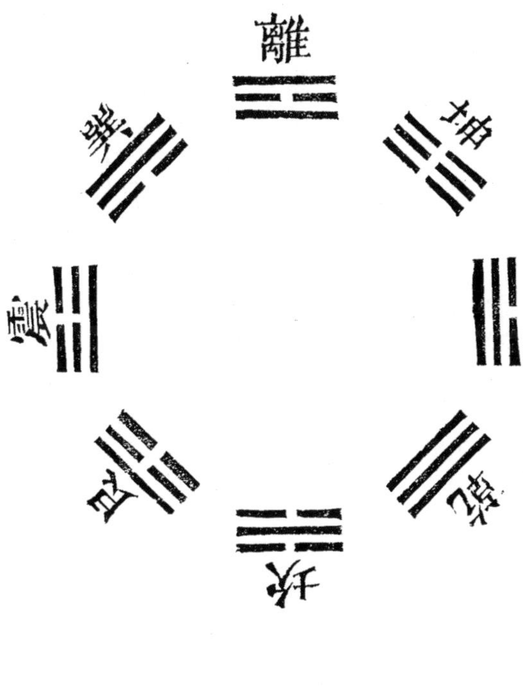

離

坤

兑

乾

坎

艮

震

巽

說卦傳曰。帝出乎震。齊乎巽。相見乎離。致役乎坤。說言乎兌。戰乎乾。勞乎坎。成言乎艮。邵子曰。乾統三男於東北。坤統三女於西南。乾坎艮震爲陽。巽離坤兌爲陰。出協紀辨方水無土不能生木。故艮位乎東北火無土不能生金。故坤位乎西南。乾以重金生水。巽以重木生火。此際無需於土。故土獨旺於艮坤。出通德類情啟蒙附論曰。造化所以爲造化者。天地水火而已矣。易卦雖有八。而實惟四。何則。風即天氣之吹噓。而下交於地者也。山即地形之隆起。而上交於天者也。雷即火之鬱於地中，而博擊奮發者也。澤即水之聚於地上，而布散滋潤者也。道家言天地日月，釋氏言地水火風，西人言水火土氣，可見造化之不離乎四物也。故先天以南北爲經，而天地居之，體也。以東西爲緯，而水火居之，用也。後天則以天地爲體，而居四維，以水火爲用，而居四正。雷者火之方發，故動於春，及火播其氣，則旺於夏矣。澤者，故水之未收，故散於秋，及水歸其根，則旺於冬矣。水火爲天地之用，故居四正，以司時令也。天氣眹兆於西北，至東南而下交於地。易所謂天下有風姤也。故乾巽相對而爲天綱。地功致役於西南。至東北而上交於天。易所謂天在山中大畜也。故坤艮相對而爲地紀。天地爲水火之體。故居四維。以運樞軸也。天地水火體用互根。以生成萬物。此先後天之妙也。若以卦畫論之。則震卽離也。一陰閉之於上。則爲震兌卽坎也。一陽敷之於下。則爲兌巽卽乾也。一陰行於下。則爲巽。艮卽坤也。一陽亘於上。則爲艮。是以六十四卦。始乾坤中坎離。終於旣未濟。則知造化之道。天地水火盡之矣。

先天卦配河圖之圖

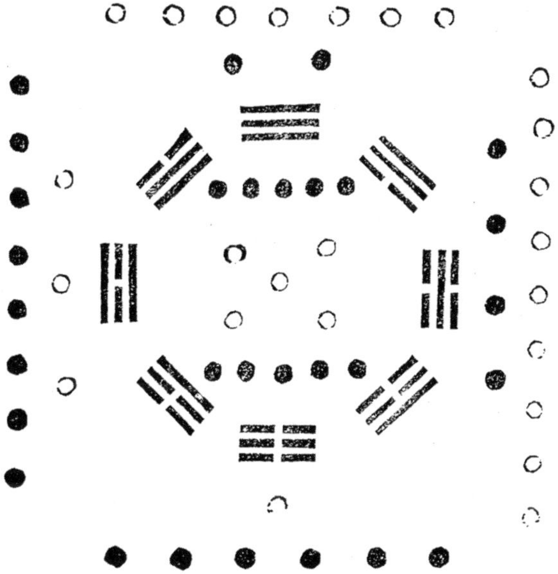

啟蒙附論曰。圖之左方。陽內陰外。卽先天之震離兌乾。陽長而陰消也。其右方。陰內陽外。卽先天之巽坎艮坤。陰長而陽消也。蓋所以象二氣之交運也

後天卦配河圖之圖

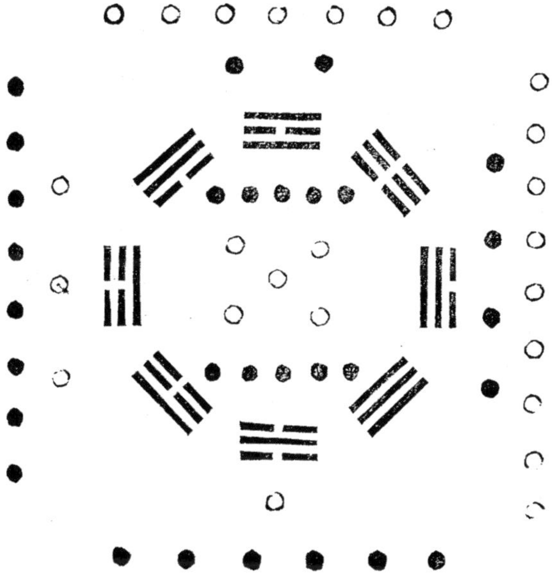

啟蒙附論曰。圖之一六爲水。即後天之坎位也。三八爲木。即後天震巽之位也。二七爲火。即後天之離位也。四九爲金。即後天兌乾之位也。五十爲土。即後天之坤艮。周流四季。而偏旺於丑未之交也。蓋所以象五氣之順布也。

先天卦配洛書之圖

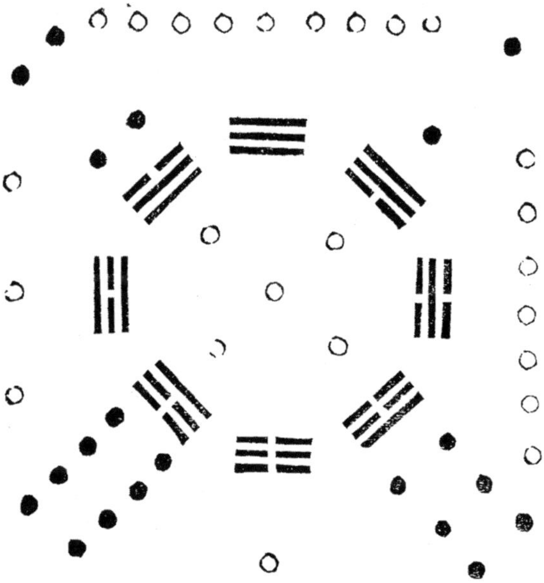

啟蒙附論曰。洛書九數。虛中五以配八卦。陽上陰下。故九爲乾。一爲坤。因自九而逆數之震八。坎七。艮六。乾生三陽也。又自一而順數之巽二。離三。兌四。坤生三陰也。以八數與八卦相配。而先天之位合矣。

按術家以乾配九。坤配一。離配三。坎配七。其數奇。故爲陽。兌配四。震配八。巽配二。艮配六。其數偶。故爲陰。

後天卦配洛書之圖

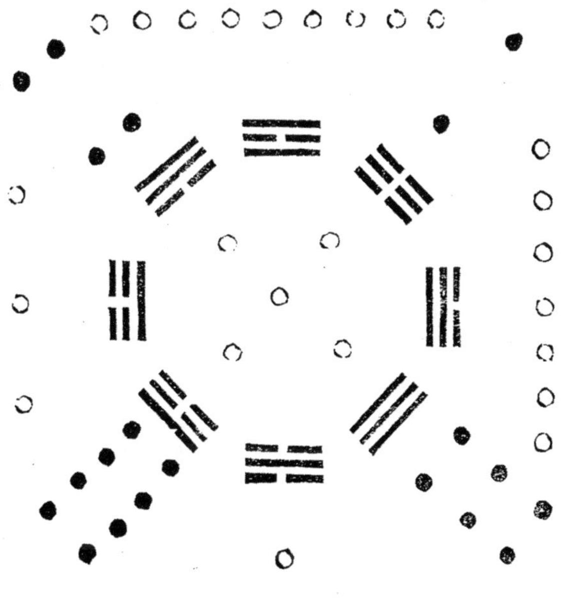

啟蒙附論曰。火上水下。故九爲離。一爲坎。火生燥土。故八次而爲艮。燥土生金。故七六次八而爲兌乾。水生濕土。故二次一而爲坤。濕土生木。故三四次二而爲震。巽。以八數與八卦相配而後天之位合矣

按邵子以文王八卦爲八用之位。後天之學。朱子以洛書爲數之用。術家飛宮吊替。俱用後天配洛書。其法以坎一。坤二。震三。巽四。中五。乾六。兌七。艮八。離九。爲序。劉歆曰。八卦九章相爲表裏。張衡曰。聖人重之以卜筮。雜之以九宮。則所從來遠矣。

變卦圖說考

地理之書以卦說者各執一詞見解仍各有深意即起楊曾廖賴諸公於九泉亦未敢主何說爲適論也况易之理至微孔聖尚云假數年以學易易之數豈易盡者耶即朱子以象數言易折中猶以爲穿穴不根支離無據豈以一已之見敢云盡其奥妙乎且重卦之説先哲評論者不下數百人尚未確定爲某聖手著朱子則曰先聖後聖其揆一也即重卦之序亦經數十先儒尚未盡其奥旨今觀各書以六十四卦

加於二十四向分金之處。遂以爲盡其妙用。萬古不移。不過因千金歌之得卦一言。遂啟後人之附會。以惑於世耳。更有將六十四卦。除去四卦外。以配六十甲子。又將六十四卦內。三百六十爻。以配週天三百六十度。其義實非所知也。畫卦之說。只聞有自下而上者。未聞自左而右者。或自右而左者。至於卦爻互變之義。可以千變而不絕。萬變而無窮。又復參入河洛之數。非大聖人再出。斷難主其確論矣。

國朝蔣大鴻絕世聰明人也。其地理辨正一書。不過因時人訛託其術以惑世。遂將青囊等經。詳解傳註。并辨時人悞解之非耳。尚未敢盡指如何爲適。其居心尚恐貽悞後人。不意張綺石以潘斗齋變卦之圖立爲圖說。强爲補註。於蔣公傳註之下。借以沽名。近日爲是書之悞者不少。沅之見識有限。豈敢闢前人之非。但觀所立卦爻。支離無據。并與五行生尅之義全非。卽如蔣公既非三合之說、又不明指用卦之由。是由欲其入而閉之門也。後人既不以三合悞。又反爲卦悞。吾恐其功不補過也。未曉同學者以爲然否。

圓圖

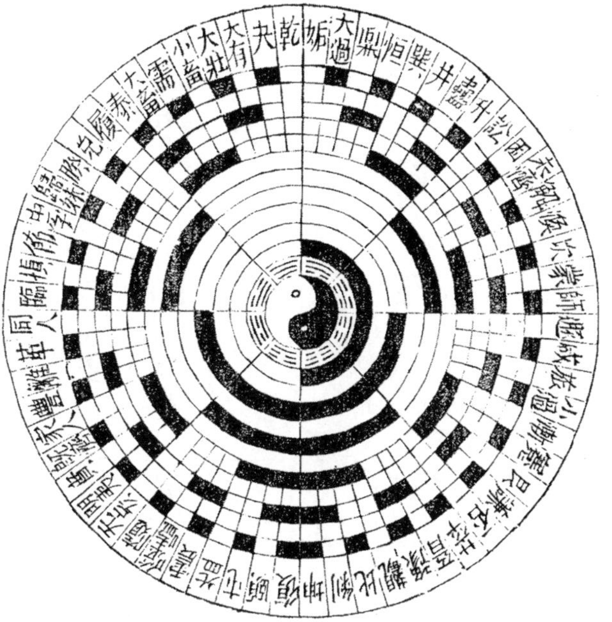

先天六十四卦圓圖考

此圖白格爲陽黑格爲陰與陳希夷先生六十四卦釋義同

此圖白格陽爻也。黑格陰爻也。初爻自乾至復爲陽儀。自坤至姤爲陰儀。易曰。是故易有太極。是生兩儀。此之謂也。二爻自升至泰爲陽象。自无妄至否爲陰象。自履至明夷爲左陽右陰之象。自謙至訟爲左陰右陽之象。故曰四象。三爻自乾至泰爲太陽。左邊自姤至升。由陽而生陽爲少陽。自訟至師。是由陽而生陰也。故亦曰少陽。乾之右自履至臨。是由陽而生陰也。亦曰太陽。自坤至否爲太陰。由左邊自復至无妄。是由陰而生陰爲少陰。又自明夷至同人。是由陰而而生陽也。故亦曰少陰。坤之右，自謙至遯，是由陰而生陽也。故亦曰太陰。先天八卦於是乎定。四五六爻自乾之右，由陽而生陰，由陰而生陽。坤之右，亦由陰而生陽，由陽而生陰。於是先天六十四卦成焉。此圖

不佞前數年，因考六十四卦之原，謬作是圖。不意與先哲希夷先生圓圖暗合。自笑雖得一知半解，亦必爲前哲所道矣。惜讀書無多，未盡得前人之遺範也。

案先後天八卦佈於地學方位，亦理之所有也。但必要深明其畫卦陰陽之理，然後用之方有

準也後人徒知希夷先生之圓圖自乾卦起右派而夬而大有而至於姤先天六十四卦成焉而不深究乾宮所管何卦故遂悞以乾姤二卦爲午中正線故沅特將先後天六十四卦比例圖繪列于下俾同學者重加訂正

陳希夷先生六十四卦方圖

否 遯 訟 姤 天風 无妄 同人 履 乾 天乾

萃 咸 困 大過 風澤 隨 革 兌 夬 天澤

晉 旅 未濟 鼎 風火 噬嗑 離 睽 大有 天火

豫 小過 解 恒 風雷 震 豐 歸妹 大壯 天雷

觀 漸 渙 巽 益 家人 中孚 小畜

比 蹇 坎 井 屯 既濟 節 需

剝 艮 蒙 蠱 頤 賁 損 大畜

坤 謙 師 升 復 明夷 臨 泰

此圖是希夷先生之方圓也。張子將圓方兩圖配於二十四向。不依細查其盆。見其宮界錯亂。兌卦收入乾宮。離卦收入兌宮。震卦收入坤宮。坤卦收入離宮。艮卦收入巽宮。坎卦收入震宮。巽卦收入艮宮。乾卦收入坎宮。是將其方圓。反佈於先天耳。未見真義也。豈先天而有後天。復又有反轉先天耶。故特抄繪於下編。以待考訂。

理氣之用六十四卦者非地理辨正一書爲然也沅何獨闢之蓋各書用卦未有引經據典世人若用亦必細心再考或無誤用之處而辨正疏則專以希夷先生之方圓二圖配八用之并不考眞宮界謬列于羅經面世人則誤爲希夷先生的傳安心用之故沅特發明之并將其原圖附刻于下以待高明互訂

張心言手盤圖式

乾 巽 坎 艮 坤 震 離 兌

丙 午 丁 未 坤 申 庚 酉 辛 戌 乾 亥 壬 子 癸 丑 艮 寅 甲 卯 乙 辰 巽 巳

益 屯 頤 復 坤 剝 比 觀

先後天六十四卦比例圖考

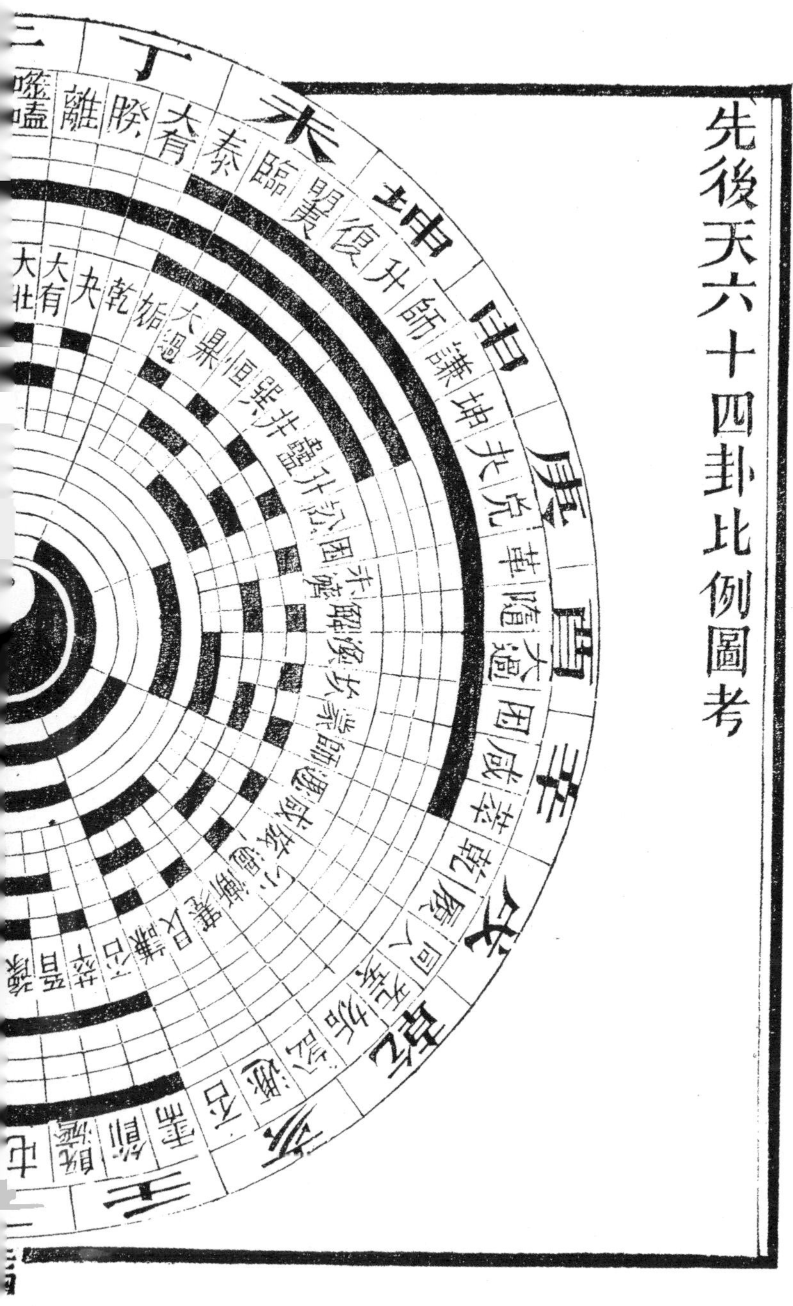

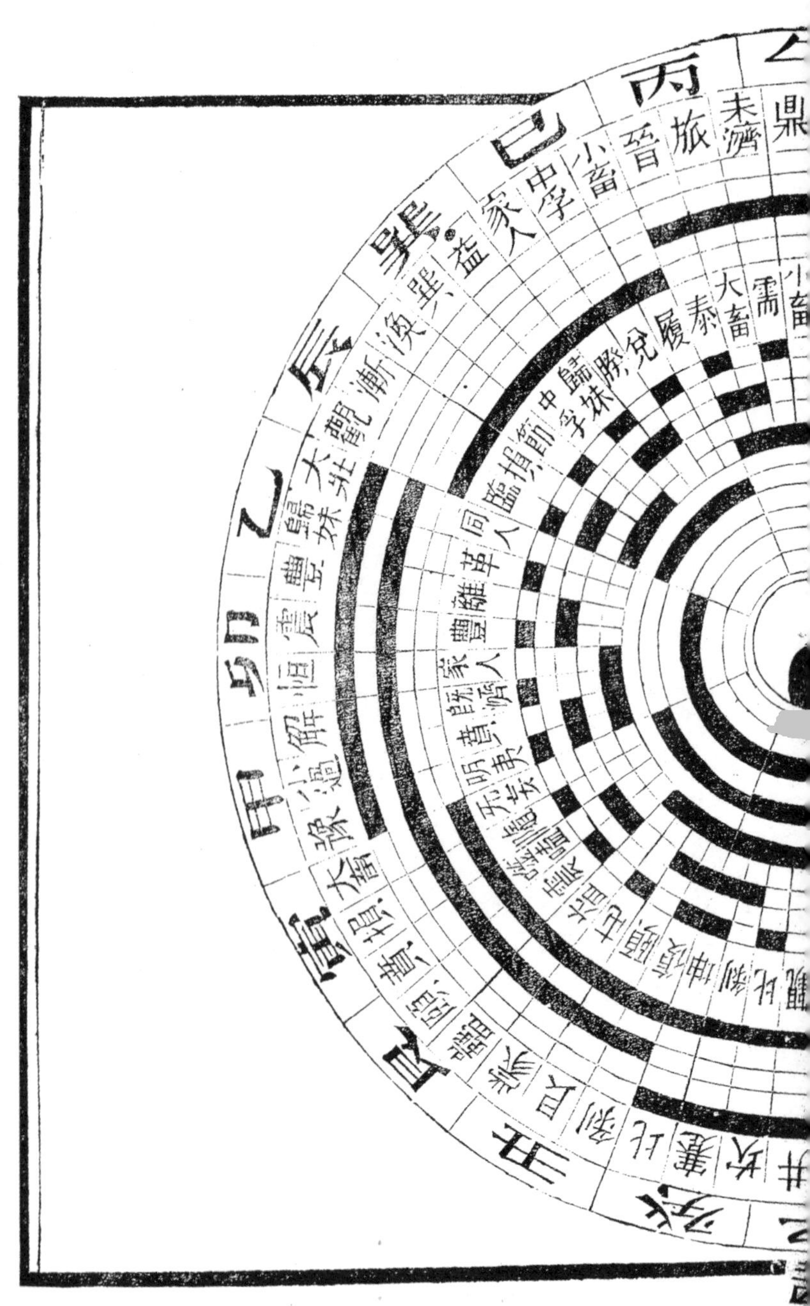

丙
巳
巽
辰
乙
卯
甲
寅
艮
鼎
未濟
旅
晉
小畜
中孚
家人
益
渙
漸
觀
大壯
歸妹
豐
震
恒
解
小過
豫
大畜
損
賁
需
泰
履
兌
睽
節
臨
同人
革
離
既濟
明夷

疊卦配於二十四向者，不下十餘圖，說特未深明其中奧旨，故不敢濫爲採入管見卷中。考希夷先生之方圓二圖，具有精義，而先生之圖，特爲易理而作，非爲地理而作也。朱子釋易曰：陰盡子中，陽盡午中。後人因配入二十四向爲用，用之亦未嘗無因。考其定位，多以午中正線居於乾姤二卦之間，不依前作是圖，意亦配此。玆復作後天八卦比例圖，配入方知此圖之悞，轉覺午中正線移配於先天大壯小畜之間，似不背於義，即後天噬嗑鼎卦之間也。何則？若照午中正線。配在乾姤之間。而後天六十四卦。宮度差錯矣。其轉配乾卦於兌宮。艮卦移在坎宮。巽卦差在震宮。兌卦居於坤宮。八卦之中。半皆不合。故敢謬作先天後天比例合圖。繪列如左。以俟後之高明再訂。非敢謂特炫超出之見。亦聊作消譴云爾。

十二月辟卦

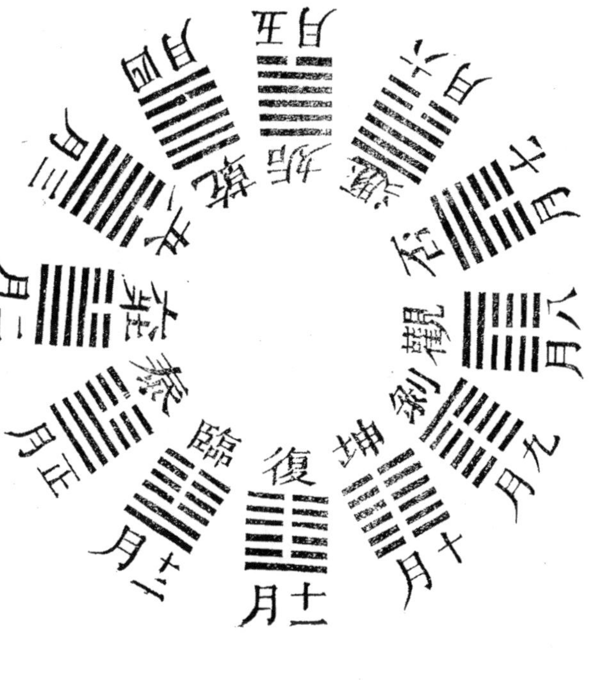

復 十一月
臨 十二月
泰 正月
大壯 二月
夬 三月
乾 四月
姤 五月
遯 六月
否 七月
觀 八月
剝 九月
坤 十月

正月建寅泰卦

月令孟春。鄭註曰。孟春者。日月會於娵訾。而斗建寅之辰也。正月三陽之月。泰三陽之卦。故以配之。

二月建卯大壯卦

月令仲春。鄭註曰。仲春者。日月會於降婁。而斗建卯之辰也。二月四陽之月。大壯四陽之卦。故以配之。

三月建辰夬卦

月令季春。鄭註曰。季春者。日月會於大梁。而斗建辰之辰也。三月五陽之月。夬五陽之卦，故以配之。

四月建巳乾卦

月令孟夏，鄭註曰，孟夏者日月會於實沈，而斗建巳之辰也，四月純陽之月，乾純陽之卦，故以配之，

五月建午姤卦

月令仲夏，鄭註曰，仲夏者日月會於鶉首，而斗建午之辰也，夏至一陰始生，姤一陰之卦，故以配之，

六月建未遯卦

月令季夏，鄭註曰，季夏者日月會於鶉火，而斗建

未之辰也。六月二陰之月。遯二陰之卦。故以配之。

七月建申否卦

月令孟秋。鄭註曰。孟秋者。日月會於鶉尾。而斗建申之辰也。七月三陰之月。否三陰之卦。故以配之。

八月建酉觀卦

月令仲秋。鄭註曰。仲秋者。日月會於壽星。而斗建酉之辰也。八月四陰之月。觀四陰之卦。故以配之。

九月建戌剝卦

月令季秋。鄭註曰。季秋者。日月會於大火。而斗建戌之辰也。九月五陰之月。剝五陰之卦。故以配之。

十月建亥坤卦

月令孟冬。鄭註曰。孟冬者日月會於析木。而斗建亥之辰也。十月純陰之月。坤純陰之卦。故以配之。

十一月建子復卦

月令仲冬。鄭注曰。仲冬者日月會於星紀。而斗建子之辰也。冬至一陽始生。復一陽之卦。故以配之。

十二月建丑臨卦

月令季冬。鄭註曰。季冬者。日月會於元枵。而斗建丑之辰也。十二月二陽之月。臨二陽之卦。故以配之。

考原曰。按史記天官書曰。用昏建者杓。夜半建者衡。平旦建者魁。又春秋運斗樞云。第一天樞。第二璇。第三璣。第四權。第五衡。第六開陽。第七搖光。第一至第四爲魁。第五至第七爲杓。合而爲斗。如正月初昏則用斗杓指寅。夜半則用斗衡指寅。平旦則用斗魁指寅也。其日月所會之宮。謂之月將。娵訾亥也。降婁戌也。大梁酉也。實沈申也。鶉首未也。鶉火午也。鶉尾巳也壽星辰也大火卯也析木寅也星紀丑也元枵子也子曰神后丑曰大吉寅曰功曹卯曰太衝辰曰天罡巳曰太乙午曰勝光未曰小吉申曰傳送酉曰從魁戌曰河魁亥曰登明月建運天道而左旋爲天關月將稟地道而右轉爲地軸

天干地支考

古人云。欲知未來。先觀已往。凡事非探其源。安知其義也。羅經之方位。既定以八干。十二支。四維。四維曾考於八卦之義。爲干支亦當知其釋義耳。查諸釋其義者。協紀辨方最詳。茲節錄之。便於觀覽。周禮有十日之號。十有二辰之號。十有二月之號。十有二歲之號。二十有八星之號。鄭元註曰。日謂從甲至癸。辰謂從子至亥。月謂從娵至荼。歲謂攝提格至赤奮若。星謂從角至軫。近日歲歷。均從六十甲子。而不用娵荼攝提格矣。甲者。言萬物剖符甲而出也。乙者。言萬物生軋軋也。丙者。言陽道著明。丁者。言萬物之丁壯也。庚者。言陰氣庚萬物也。辛者。言萬物之辛生也。壬之爲言任也。言陽氣任養萬物於下也。癸之爲言揆也。言萬物之可揆度也。子者。滋也。滋者。言萬物滋於下也。丑者。紐也。言陽氣在上未降。萬物厄紐未敢出。寅者。寅言萬物始生螾然也。故曰寅。卯者。卯之爲言茂也。言萬物當茂也。辰者。言萬物之蜄也。巳者。言陽氣之巳盡也。午者。陰陽交。故曰午。未者。言萬物皆成有滋味也。申者。言陰用事。申賊萬物。故曰申。酉者。萬物之老也。故曰酉。戌者。言萬物盡滅。故曰戌。亥者。該也言陽氣藏於下。故曰亥也。觀其命名之義。實於四季萬物之消長而言耳。言理氣者。可不察乎。

四序五氣

春寅卯辰木　夏巳午未火

秋申酉戌金　冬亥子丑水

辰戌丑未土　又謂之令星

六辰

子寅辰午申戌爲陽

六陽四陽卦納之

丑卯巳未酉亥爲陰

六陰四陰卦納之

五行論

六經論五行者，始見於尚書。洪範曰。一五行，一曰水，二曰火，三曰木，四曰金。五曰土。大禹謨曰，水火金木土穀惟修。其源起於河圖洛書之數。蓋圖書之一六水也，二七火也，三八木也，四九金也，五十土也，在圖則左旋而相生，在書則右轉而相尅也，然土於圖書爲五十中宮之數，無定位，無尊體也。惟呂氏春秋，則以土直季夏之月，以順相生之序。白虎通，又以土直辰戌丑未之四季，而分旺於四時，文王後天圖象，坤艮二土獨居夏秋冬春之交則以火必得土而後能成金水必得土而後能生木也今按行也者言其行於地者也質行於地而氣通於天數之有五焉故曰五行也地者土也以其對天言之則曰地以其質言之固土也土之爲四行君也固也君則不專其司不居其部是故以火之尅金而秋乃承夏令也則謂既有四方必有中央而中央固土也可以嗣火之老而生金也以春秋冬夏之遞嬗四行轉多而土轉少也則謂季月必辰戌丑未而辰戌丑未固土也減十二

日以與本令餘十八日為土王用事。則各七十二日也。坤艮二土。居四氣之交。為土之真體。則後天圖象明之。乾巽二方。據魁罡之戶。示土之神用。則素問運氣詳之。土之君乎四行也審矣。然此皆為有象可示者也。若其無象可示者。則寅申巳亥子午卯酉。實無一之離乎土焉。何也。非土則水火金木不能以行。其能以行者。皆土也。

五行用事

巳午火旺七十二日
未申土旺十八日
申酉金旺七十二日
戌亥土旺十八日
亥子水旺七十二日
丑寅土旺十八日
寅卯木旺七十二日
辰巳土旺十八日

神樞經曰。五行旺各有時。惟土居無所定。乃於四立之前。各旺十八日。○曆例曰。立春木。立夏火。立秋金。立冬水。各旺七十二日。土於四立之前各旺十八日。合之亦爲七十二日。總三百有六十。而歲成矣。

五行生旺

地支	甲木	丙戊	庚金	壬水	乙木	丁己	辛金	癸水
子	沐浴	胎	死	帝旺	病	絕	長生	臨官
丑	冠帶	養	墓	衰	衰	墓	養	冠帶
寅	臨官	長生	絕	病	帝旺	死	胎	沐浴
卯	帝旺	沐浴	胎	死	臨官	病	絕	長生
辰	衰	冠帶	養	墓	冠帶	衰	墓	養
巳	病	臨官	長生	絕	沐浴	帝旺	死	胎
午	死	帝旺	沐浴	胎	長生	臨官	病	絕
未	墓	衰	冠帶	養	養	冠帶	衰	墓
申	絕	病	臨官	長生	胎	沐浴	帝旺	死
酉	胎	死	帝旺	沐浴	絕	長生	臨官	病
戌	養	墓	衰	冠帶	墓	養	冠帶	衰
亥	長生	絕	病	臨官	死	胎	沐浴	帝旺

考原曰。木長生於亥。火長生於寅。金長生於巳。水長生於申。土亦長生於申。寄生於寅。各由長生。沐浴。冠帶。臨官。帝旺。衰。病。死。墓。絕。胎。養。順歷十二辰。蓋天道循環。生生不已。故木方旺而火已生。火方旺而金已生。金方旺而水已生。水方旺而木已生。由長而順推。穉則必壯。盛則必衰。終而復始。迭運不窮。此四時之所以錯行。五氣之所以順布也。至於土生於申而寄生於寅。則後天坤艮之位。故易於坤曰。萬物皆致養焉。於艮曰。萬物之所以成終。而所成始也。

長生三合納甲納音九星變卦五行化氣總論

理氣之書，用各不同。有專用長生而不用九星者，有專用九星而僻長生者。有並用納甲納音不用五行化氣者，有用化氣而僻納音者。紛紛其說，用此則僻彼，用彼則僻此。有單用卦爻而盡僻三合、長生、納音、納甲，皆不用焉。沉則謂俱皆正理，均可收而用之。是在用之有據，用之得宜耳。或曰：焉知皆爲正理乎？曰：陰陽一理，三界皆同。上界之律由天皇而定，下界之律由冥王而定，中界之律必與天律、冥律同一理也。

書曰。天視自我民視。天聽自我民聽。民聽尚與天聽。而况人皇乎。　御定之書。既皆有其說。故某亦曰可用。雖協紀辨方。爲選擇之書。而其傍及地理之用。下卷利用指要。多定立向造葬等用。天星坐向選擇。均同一理耳。以此觀之。是以某云皆可用也。

二十四長生考

起長生衰旺之說星厯相命卜筮地理俱多用之有耑以此說為用者用之於地理之法有以三合起有以坐家起有以向首起有以陽順陰逆排有以陽逆陰順箕不一其說有耑僻長生之說而不用者令後之學者無所適從查其首起之原出於何代何人亦各執一說但地理之書實有關乎人生禍福考究可不細哉予臆度之見禍福之主原於天地其次人皇亦可得而主也既無適從則必以御定之書為

主。譬如律例之定。律之福者福之。律之禍者禍之耳。協紀之書。是　御定者也。協紀亦有長生之說。故子亦曰有可也。其法以十天干。加於十二地支之上。以長生。沭浴。官帶。臨官。帝旺。衰。病。死。墓絕胎養爲序。五陽干順行。五陰干逆行。至地支與四維。乾巽坤艮長生之例。協紀未有詳載。查各書有以壬子同宮。隨八干例起。四維是與寅申巳亥同宮。則在寅申巳亥起也。謂之四大長生。照此例推。則地支與四維。似於生旺死絕之方。又覺不合。有以六字同宮起者。如寅甲卯乙辰巽木長生在亥未坤土附於巳丙午丁長生在寅戌與乾金同宮附於申庚酉辛長生在巳丑艮土東北附於亥壬子癸長生在申以陽順陰逆而推其生旺衰絕之方似更不合陽宅指要以陽逆陰順爲序亦照二字同宮推算以此觀之則丙火旺於亥而絕於巳丁火旺於丑而死於午五行生旺又更相反矣十天干之長生似遵協紀之說爲長或謂照陽順陰逆五陰干之長生豈不是洩氣之謂乎故朱子曾發明長生陰陽之說曰木之始生也火之機在

焉。火之始生也。土之機在焉。金之始生也。水之機在焉。水之始生也。木之機在焉。是解五陽干長生之理也。又曰陽死則陰生。故甲木死於午。乙木生焉。戊土與火同旺。故亦死於酉。巳土亦同生於酉也。庚金死於子。辛金生焉。是解五陰干之理也。陽死陰生。陰死陽生。此二氣之分耳。協紀又曰。陽統陰柔。天地自然之義。理合妙極。凡言數者。皆祖於此云。有謂何以癸水病於酉。蓋以其陰極復洩之故耳。乙木何以病於子。丁火病於卯。亦以其盛極反弱之故。如水泛木浮。

木多火滅之義耳。辰戌丑未統於四季。爲消長之機而獨旺於艮坤也。辰生艮。辰陽土也。順行。丑陰土也逆行。戌未生於坤。戌陽土也。順數。未陰土也。逆數。此與通德類情之義相符。亦與上陽死陰生之義仝也。子午卯酉。爲水火木金之體。照陽死陰生之義。則子生於申。午生於寅。卯生於午。酉生於子。故寅木亦生於亥。巳火亦生於酉。申金亦生於巳。亥水亦生於卯。均以陽順陰逆行之方合生旺之方。但四維之長生。先哲紛紛其說。來歷多有無據。況考諸衰旺之方。與八煞黃泉之訣均未盡合。故仍將朱子解易之理。移解於此。似與八干十二支之理。無背違矣。朱子曰。陽生於陰。陰育陽。即天玉經亦云。孤陰不生。獨陽不長。陽根於陰。陰根於陽。乾坤爲老陰陽也。故乾陽生於坤。順行。坤陰生於乾。逆行。易曰。艮三索而得男。是由乾之上三爻而言。是故艮生於乾。艮陽卦也。順行。又曰。巽一索而得女。是由坤之初爻而言。是故巽生於坤。巽陰卦也。逆數。如此。可與各說衰旺。八煞。黃泉並行不悖。歷查諸說。似遵此說爲近理。特繪是圖於左。

一則使同學者了然。二則以待高明再訂耳。

復查四大長生之說。格龍必用之。蓋木之長生在亥。正五行以寅甲卯乙巽五龍屬木。補龍又必用三合。以其木長于亥。旺于卯。墓于未。故與水法不相同也。其餘金水火土俱倣此推。

二十四長生圖

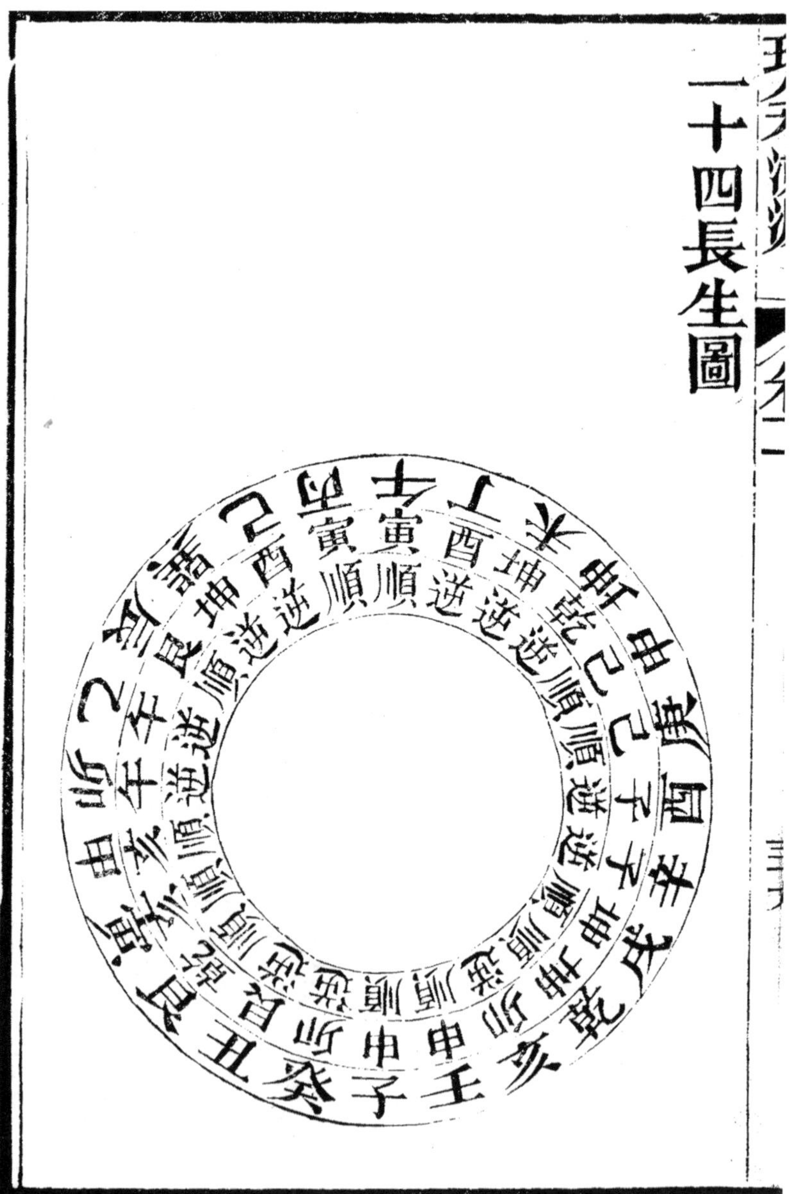

正五行圖

子水 癸水 丑土 艮土 寅木 甲木 卯木 乙木 辰土 巽木 巳火 丙火 午火 丁火 未土 坤土 申金 庚金 酉金 辛金 戌土 乾金 亥水 壬水

亥壬子癸屬水。寅甲卯乙巽屬木。巳丙午丁屬火。申庚酉辛乾屬金。辰未戌丑坤艮屬土。此八卦干支之五行也。後有雙山洪範諸家。因名此爲正五行。

中針雙山五行圖

壬子癸丑艮寅甲卯乙辰巽巳丙午丁未坤申庚酉辛戌乾亥

壬子癸丑艮寅甲卯乙辰巽巳丙午丁未坤申庚酉辛戌乾亥

圖外層所列爲正針。乃二十四山之正位。內層所列爲中針。其子位在正針壬子二位之間。此正針先半位。其雙取者。爲雙山。其取三合者。爲雙山五行。地理家格龍用之。蓋龍爲來脈。故用先至者乘之。乃無失也。

洪範五行圖

離火 丁金 未土 坤土 申水 庚土 兌金 辛水 戌水 乾金 亥金 壬火 坎水 癸土 丑土 艮木 寅水 甲水 震木 乙火 辰水 巽水 巳木 丙火

洪範之法八卦變其二而遺其六八干變其七而丙獨不變四生皆變而四墓止變其二何也如乾坤二卦爲陰陽之宗祖衆卦之父母故仍其金土而不變坎離震兌四卦專四旺之地宣四時之令故仍其水火木金而不變其餘亦各從方位實有之五行而抉其幽元之義要亦不得謂之變也協紀辨方曰艮統五寅其方爲木之始氣故艮爲木巽統辰巳其方爲水之尾閭故巽爲水震統甲乙兌統庚辛木金之全局也震爲木其始則生於水故甲爲水而木旺則喜

生火故乙爲火兌爲金其始則生於土故庚爲土而金旺則喜生水故辛爲水坎統壬癸離統丙丁水火之全局也壬之渾天納於乾而先天則納於離故從離爲火癸之先天納於坎而渾天則納於坤故從坤爲土丙統於艮艮火長生也故丙亦爲火丁納於兌兌金帝旺也故丁亦爲金猶是八干以輔四正其中水火異於金木者金木以形用其理易真水火以神用其妙奥曲也四生者四正之始氣水之始本於金故亥爲金木之始本於水故寅爲水火之始本於土

而申不爲土而爲水者。燥土不能生金。必藉水以潤之。而金乃生焉。故申爲水。四墓者。四正之歸氣。萬物生則向上。歸則向下。在下之物。水土是也。火歸於土而灰。水歸於土而涸。故丑未爲土。若金必入水而後沉。木必入水而後朽。故辰戌不爲土而爲水也。要而論之。皆幽元之義。實有之理。昔郭景純元經。亦守其說。謂之山家五行。可見其傳已久。或謂始於唐一行者。妄也。惜郭公用之。未嘗解釋其義。迨元季無著大士。始有紫白原本。連山洪範論。以洛書奇耦之數。定五行而分吉凶。又皆引而不發。人不能解。爰取地理大成所載者。而發明之。則言有本末。庶無牽强支離云云。

案協紀本原所考洪範五行。連篇屢牘。未能得其確旨。又謂大成之論。未免牽强支離。不足以厭人之心。又錄儲泳袪疑說。謂先輩皆莫曉其法之因。既無可考之理。古今豈肯通用。深思其理。求之太乙統紀之數。而不可得。求之皇極先天中天之數而不可得。求之後天五運六氣之說。而不可得。求之卦畫於是得其說云是以沅亦疑之而不敢妄爲立論但查洪範出於書之禹謨曰一五行一曰水二曰火三曰木四曰金五曰土按河圖數一居北方是以一六爲北方水二居南亦以二七爲南方火三居東故以三八爲東方木四居西所以四九爲西方金五居中是則五十爲中央土又何疑焉茲案書之洪範與河圖之義不背是則正五行與洪範若合符節似此更爲適論今二十四方位有用之曰洪範五行故姑存其說以俟高明訂正

正針中針縫針三盤圖

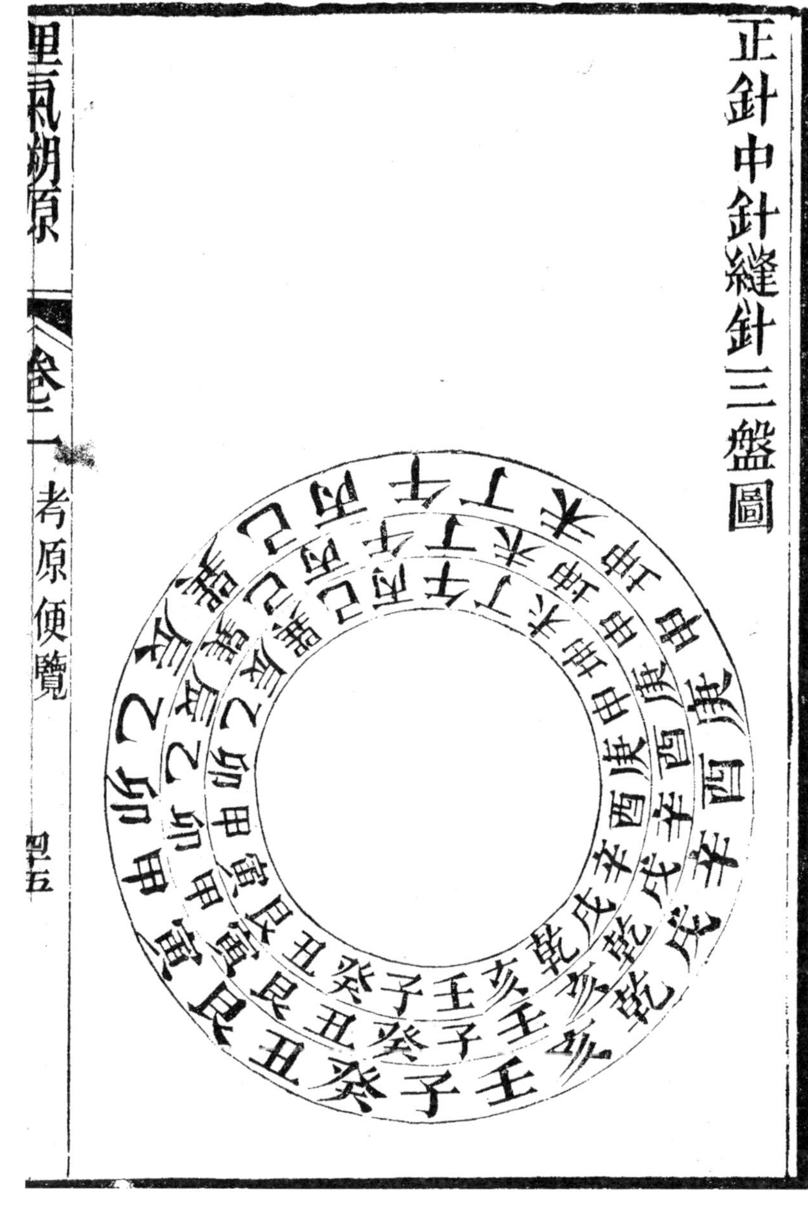
子癸丑艮寅甲卯乙辰巽巳丙午丁未坤申庚酉辛戌乾亥壬
子癸丑艮寅甲卯乙辰巽巳丙午丁未坤申庚酉辛戌乾亥壬
子癸丑艮寅甲卯乙辰巽巳丙午丁未坤申庚酉辛戌乾亥壬

協紀辨方曰。是圖外層所列爲正針。係二十四山之正位。立向用之。選擇家避鬼迎神。即此層也。中層所列爲中針。比正針先半位。地理家格龍用之。蓋龍爲來脉。故用先至者乘之。內層所列爲縫針。比正針後半位。與正針差一位。地理家消砂納水用之。蓋砂水爲去路。故用後至者收之。

小遊年變卦

小遊年變卦。青囊經謂之九曜。亦名翻卦。從乾卦翻者。爲天父卦。從坤卦翻者。爲地母卦。皆由天定卦翻變而出。地理家之凈陰。凈陽。三吉六秀。八貴。十二吉龍。皆本於此。後世借以爲男女生命合婚之用。故名遊年。因陽宅又有遊年變卦之法。故此爲小遊年。其法以貪狼。巨門。祿存。文曲。廉貞。武曲。破軍。左輔。右弼爲序。以八卦而論。則右弼與左輔同宮。以九宮而論。則貪狼爲一白屬水。巨門爲二黑屬土。祿存爲三碧。

文曲爲四綠屬木廉貞爲五黃屬土武曲爲六白破軍爲七赤屬金左輔爲八白屬土右弼爲九紫屬火又以五星而論則貪狼爲生氣屬木巨門爲天醫祿存爲絶體屬土文曲爲遊魂屬木廉貞爲五鬼屬火武曲爲福德破軍爲絶命屬金輔弼從本宮無耑屬地理家從龍上起以貪狼巨門武曲廉貞爲吉祿存文曲破軍輔弼爲凶選擇家從向上起以貪狼巨門武曲文曲爲吉祿存廉貞破軍輔弼爲凶其取義各自不同卦例具詳於後

天定卦

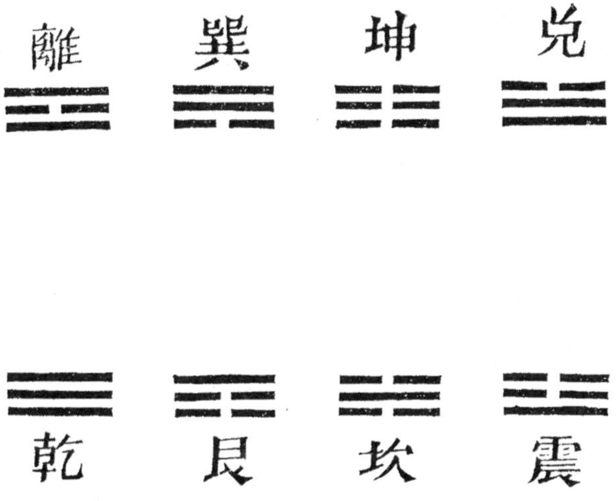

兌 坤 巽 離

震 坎 艮 乾

天定卦例，以乾艮坎震後天四陽卦橫列於下，離巽坤兌後天四陰卦橫列於上，而按先天生卦之序，乾與兌對，離與震對，巽與坎對，艮與坤對，自本宮對卦，一上一下，次第翻之，中起中止，傍起傍止。

按天定卦例，止取本卦之上爻變者爲對卦，所以便於翻轉，究之乾震居中，艮坎居傍，陽卦居上，陰卦居下，亦無不可者，地理大成另易有三式，然則非果有一定也。

天爻卦

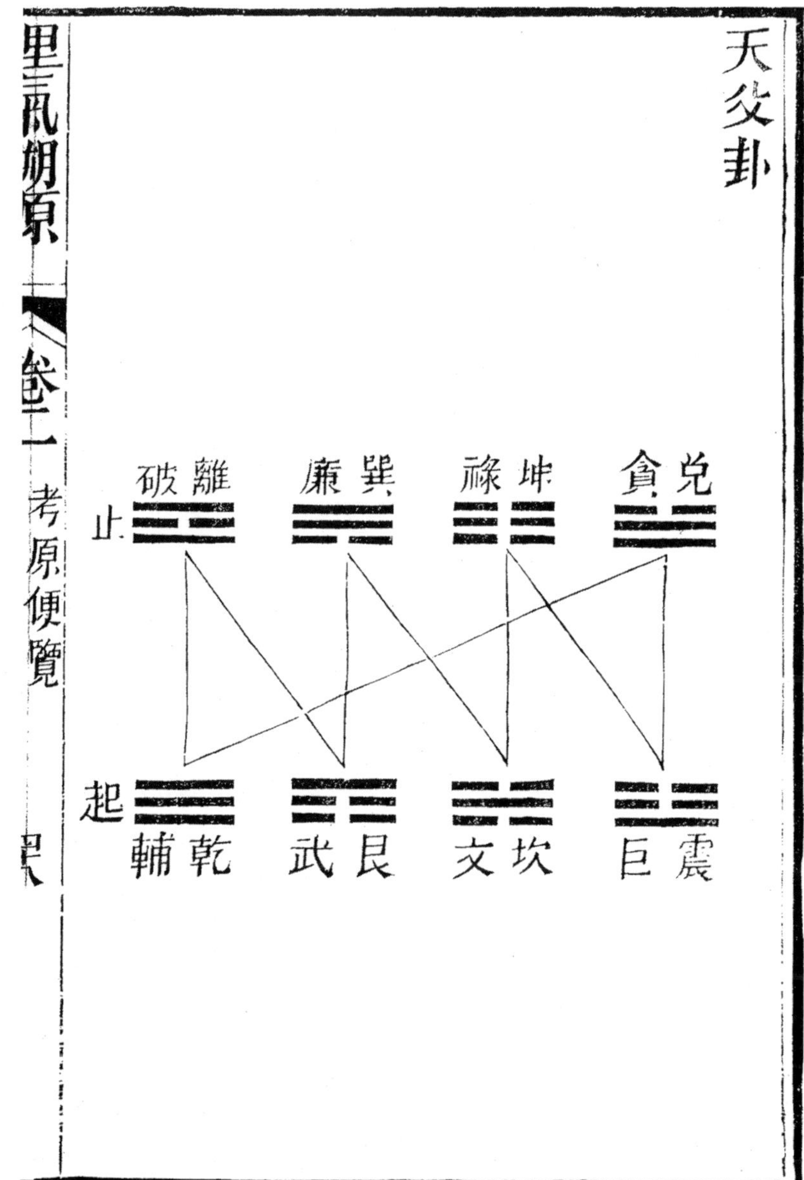

天父卦從乾翻起自上而中而下而復中而復上以次遞變乾上爻變爲兌爲貪狼兌中爻變爲震爲巨門震下爻變爲坤爲祿存坤中爻變爲坎爲文曲坎上爻變爲巽爲廉貞巽中爻變爲艮爲武曲艮下爻變爲離爲破軍離中爻復變爲乾爲輔弼是爲傍起傍止

地母卦

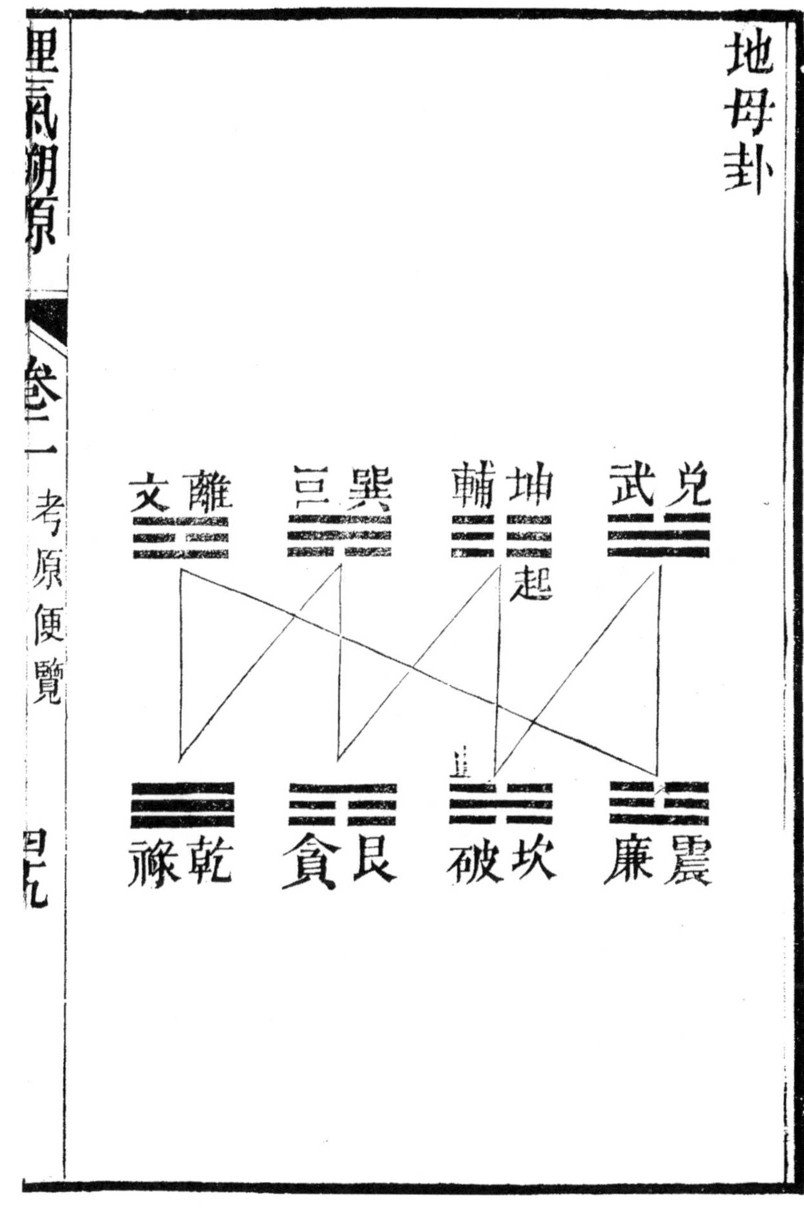

地母卦。從坤翻起。坤上爻變爲艮。爲貪狼。艮中爻變爲巽。爲巨門。巽下爻變爲乾。爲祿存。乾中爻變爲離爲文曲。離上爻變爲震。爲廉貞。震中爻變爲兌。爲武曲。兌下爻變爲坎。爲破軍。坎中爻變復爲坤。爲輔弼。是爲中起中止。

按青囊經。太元終易圖。以坤卦爲本宮。說云。坤爲地母。諸山所託。三吉六秀。勢定於此。卦例訣曰。經云。三吉只求來勢好。但以地母卦爲主。求其艮。丙。巽。辛。兌。丁。己。丑。震。庚。亥。未。十二陰龍。諸山所托之故也。邱公頌曰三般大卦如何起元女當年親口傳三吉只求來勢好向家須變鬼爻看註曰地爲地母諸山所託察龍坤卦索求三吉後世因此遂有地理貴陰之說今按青囊卦例八宫皆稱地母三吉註曰三吉來山陽山陰落陰山陽落上吉陽山陽落而陰水朝陰山陰落而陽水朝次吉然則山不皆陰第以與水相配爲吉所謂地母卦者特舉坤以見例耳如坤爲本龍艮爲貪狼巽爲巨門兌爲武曲故以艮巽兌爲三吉艮納丙巽納辛兌納丁故以丙辛丁並三吉爲六秀

又艮巽震兌四卦。抽去中爻。餘上下二爻皆陰陽得配。謂之九六衝和。震卦廉貞雖凶。而以得配爲吉。震納庚。故以震庚並三吉六秀爲八貴。又兌之三合爲巳丑。震之三合爲亥未。故以巳丑亥未並八貴爲十二吉山。皆由地母卦而定。然八宮皆有九曜天父卦。得天定卦之乾兌相對。巽坎相對。地母卦得天定卦之離震相對。艮坤相對。而六子之用備具。故翻卦之法。與天父地母以見例。十二吉山。又專舉地母以見例。邱公頌所謂後來翻作八山推者。是也。

巽宫翻卦

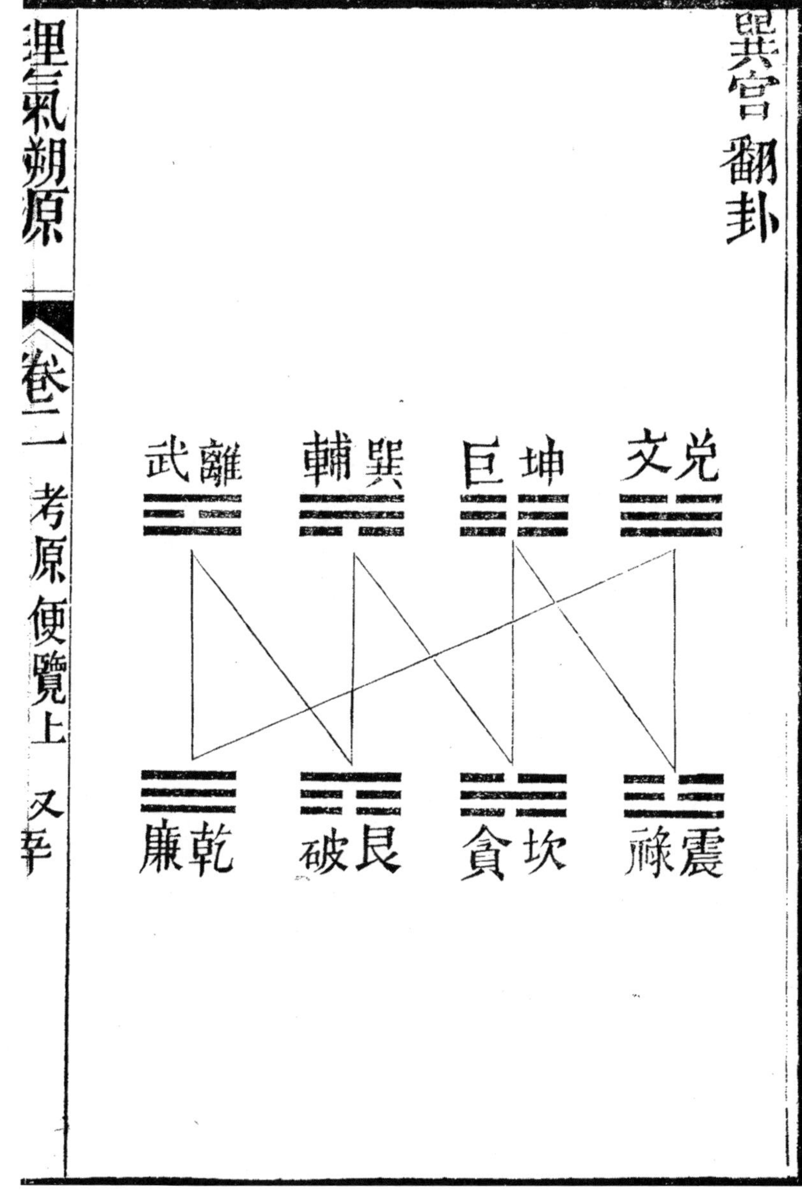

巽卦上爻變爲坎爲貪狼。坎中爻變爲坤。爲巨門、坤下爻變爲震。爲祿存。震中爻變爲兌爲文曲。兌上爻變爲乾爲廉貞乾中爻變爲離爲武曲離下爻變爲艮爲破軍。艮中爻變復爲巽。爲輔弼。

兌宮翻卦

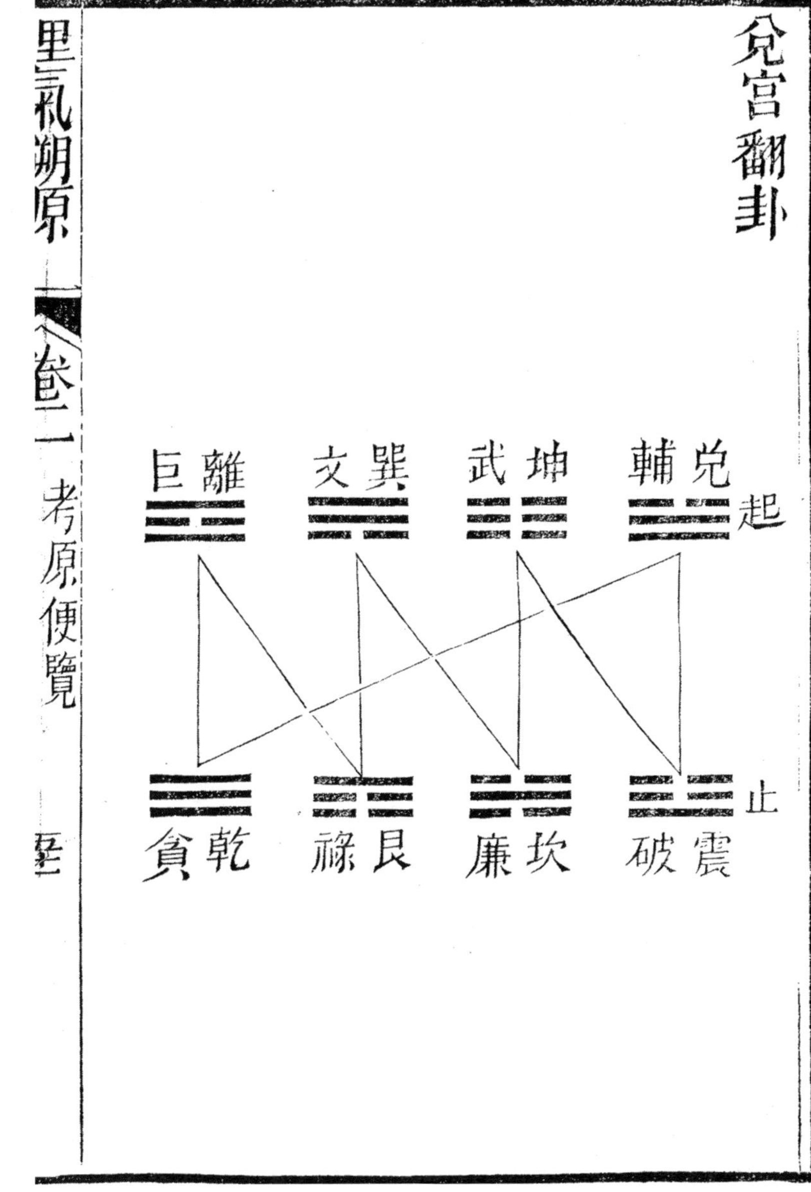

兌卦上爻變爲乾。爲貪狼。乾中爻變爲離。爲巨門。離下爻變爲艮。爲祿存。艮中爻變爲巽。爲文曲。巽上爻變爲坎。爲廉貞。坎中爻變爲坤。爲武曲。坤下爻變爲震。爲破軍。震中爻變復爲兌。爲輔弼。

坎宫翻卦

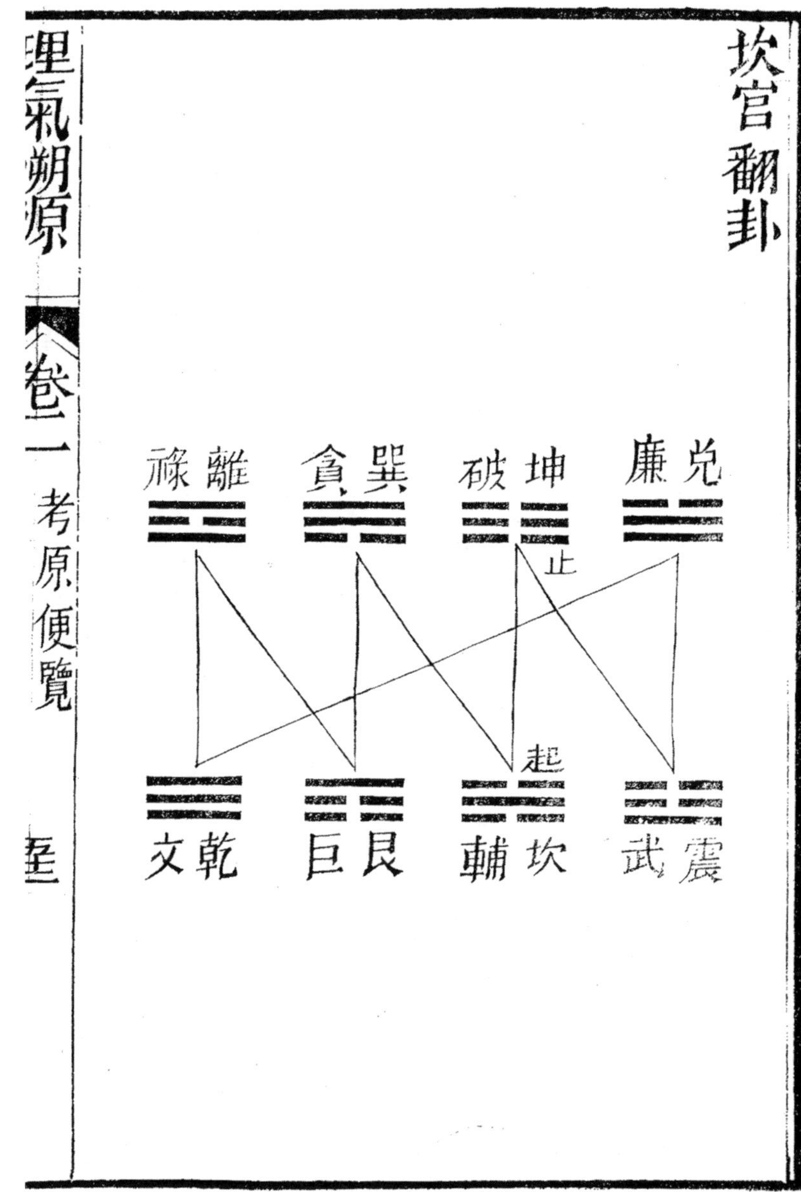

坎卦上爻變爲巽。爲貪狼。巽中爻變爲艮。爲巨門。艮下爻變爲離。爲祿存。離中爻變爲乾。爲文曲。乾上爻變爲兌。爲廉貞。兌中爻變爲震。爲武曲。震下爻變爲坤。爲破軍。坤中爻變復爲坎。爲輔弼。以上三卦。俱用天父卦例。

艮宫翻卦

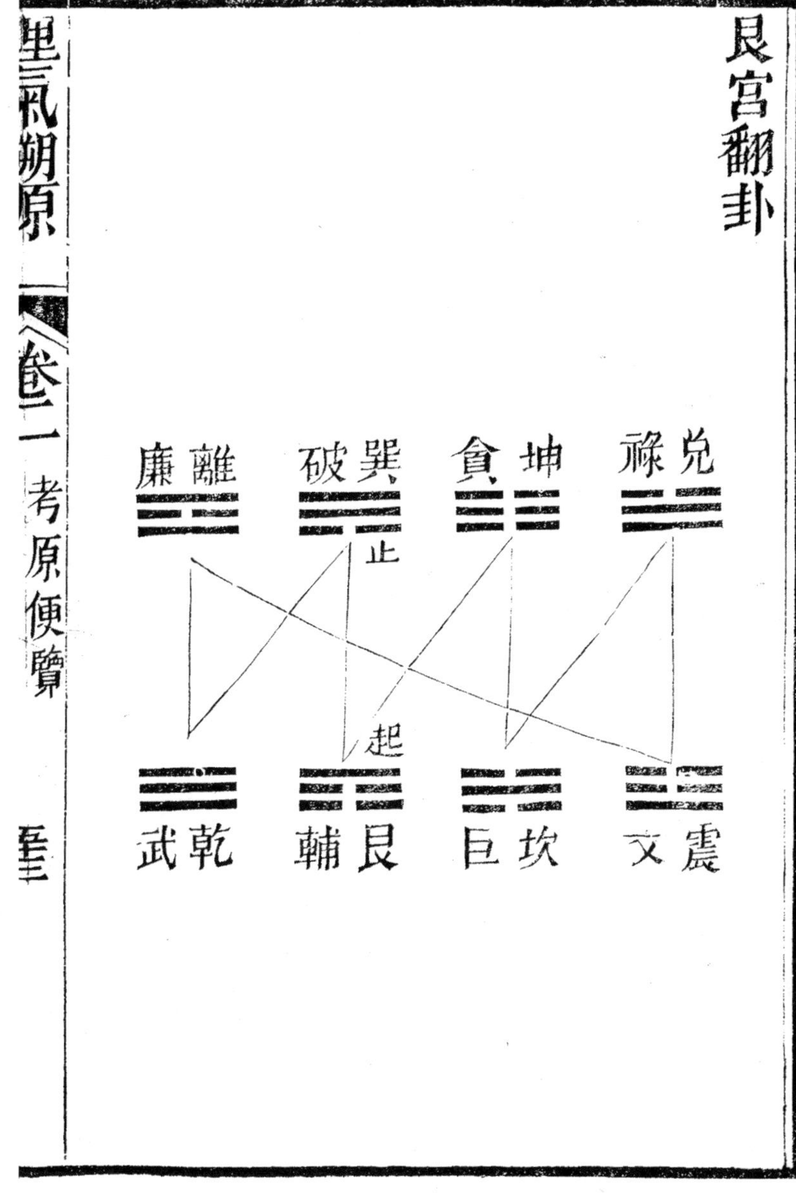

艮卦上爻變爲坤。爲貪狼。坤中爻變爲坎。爲巨門。坎下爻變爲兌。爲祿存。兌中爻變爲震。爲文曲。震上爻變爲離。爲廉貞。離中爻變爲乾。爲武曲。乾下爻變爲巽。爲破軍。巽中爻變復爲艮。爲輔弼。

震宮翻卦

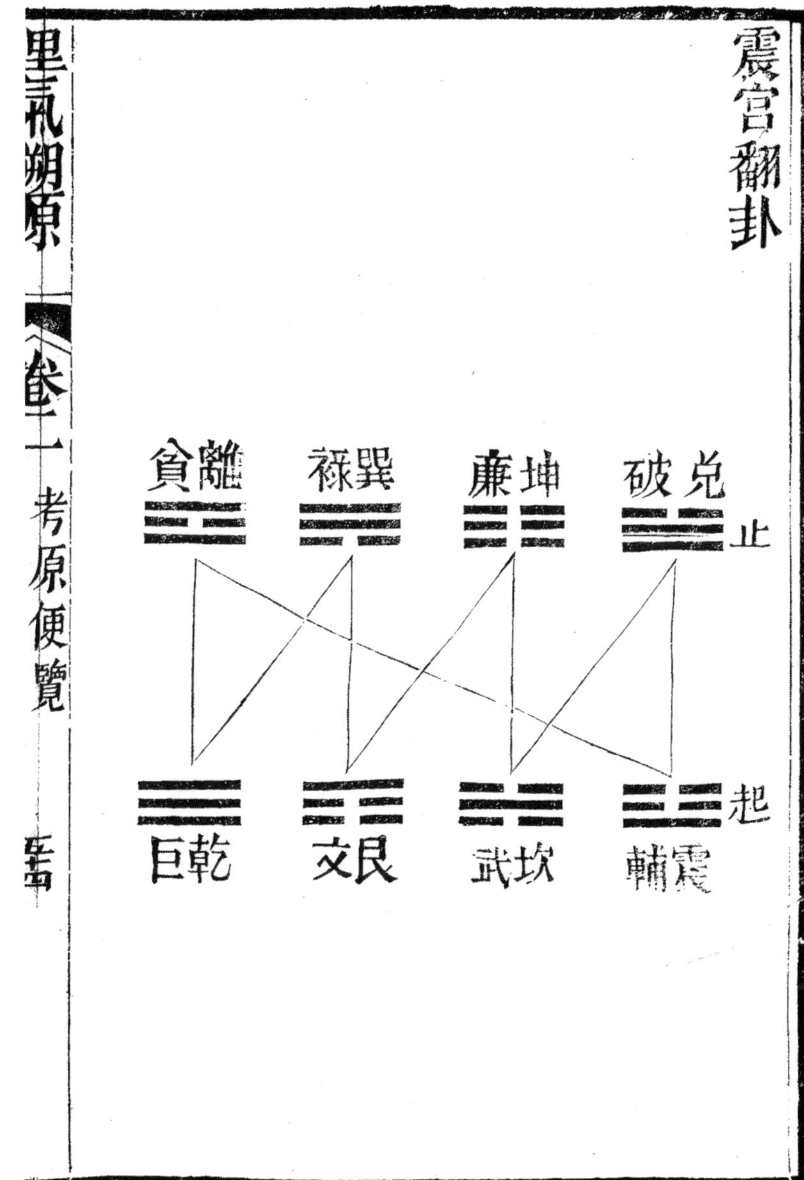

震卦上爻變爲離。爲貪狼。離中爻變爲乾。爲巨門。乾下爻變爲巽。爲祿存。巽中爻變爲艮。爲文曲。艮上爻變爲坤。爲廉貞。坤中爻變爲坎。爲武曲。坎下爻變爲兌。爲破軍。兌中爻變復爲震。爲輔弼。

離宫翻卦

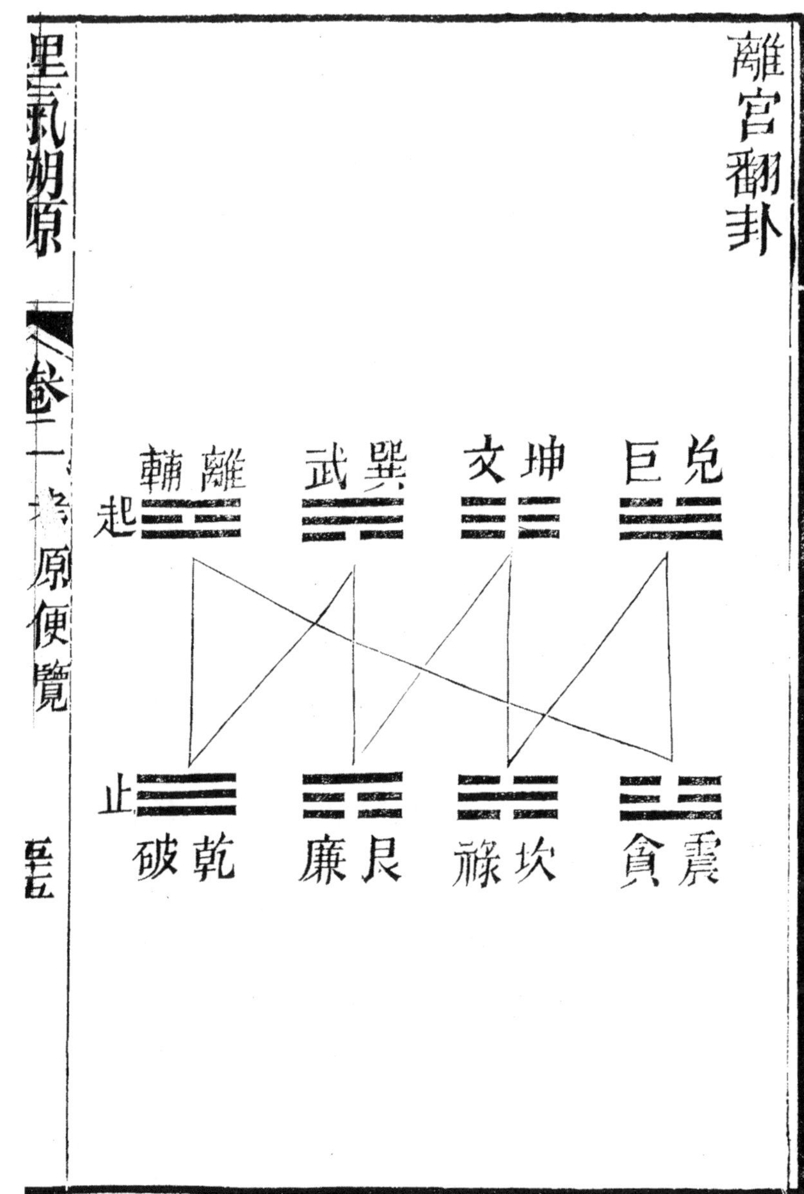

離卦上爻變爲震爲貪狼。震中爻變爲兌爲巨門。兌下爻變爲坎爲祿存。坎中爻變爲坤爲文曲。坤上爻變爲艮爲廉貞。艮中爻變爲巽爲武曲。巽下爻變爲乾爲破軍。乾中爻變復爲離爲輔弼。　以上三卦。俱用地母卦例。

按翻卦之法。皆以上一爻變爲生氣貪狼。上二爻變爲天醫巨門。下一爻變爲五鬼廉貞。下二爻變爲福德武曲。上下二爻變爲遊魂文曲。中爻變爲絕命破軍。三爻俱變爲絕體祿存。三爻俱不變爲伏位輔弼。

蓋取上一爻變。上二爻變。或下一爻變。下二爻變者。則乾坤坎離四陽卦。必變爲震艮兌巽之四陰。而四陰卦。必變爲四陽卦。故爲三吉。以取坐山之用。地理家所謂陽龍坐陰山。立陽向。陰龍坐陽山。立陰向是也。山與向既有陰陽之不同。故論向者。又自本宮五鬼方之對位起貪狼。而以本宮與五鬼互易。謂之五鬼卦。如乾爲本宮。巽爲五鬼。乃轉以巽爲本宮。自巽對宮坎上起貪狼。坤爲巨門。震爲祿存。兌爲文曲。乾爲五鬼。離爲武曲。艮爲破軍。巽爲輔弼。然後乾巽互易。仍以乾為本宮。巽為五鬼。則所得坎坤離之三吉。又皆與乾本宮成淨陽。而其卦變遂一上一下。以輔武破廉貪巨祿文為序。然則變卦之吉凶。皆以所分之陰陽為定耳。未必有深義也。或謂核諸卦例。亦有合焉者。其說曰。先天八卦。上一爻變者。本象所生。陰陽相配。相生相比。是猶同氣而相得者也。故為生氣上二爻變者。本儀所生。奇偶相配。相制而不相害、是猶補偏而救弊者也。故曰天醫、下一爻變者。陽往交陰。陰往交陽。往為屈。屈為鬼。而卦序皆相隔五位。故曰五鬼。下二爻變者。少老同情。陰陽交易。志相得。氣相生。故爲福德。上下二爻變者。陽儀隔位而交於陰。陰儀隔位而交於陽。陰陽奇偶。俱不相配。故曰遊魂。中一爻變者。陽儀隔位而還於陽。陰儀隔位而還於陰。其氣反歸而交尅。故曰絶命。三爻俱變。則卦位對衝。全非本體。故曰絶體。三爻俱不變。則自得本宫。故曰伏位。猶云伏吟者也。在八宫卦象。則上爻持世卦。爲本宫伏位。初世卦爲五鬼。二世卦爲福德。三世卦爲絶體。四世卦爲天醫。五世卦爲生氣。遊魂卦爲遊

魂。歸魂卦爲絕命。如乾遇乾。則成重乾。爲上爻持世
卦。是爲伏吟。乾巽相遇。則成姤小畜。皆初世卦。爲五
鬼。乾艮相遇。則成遯大畜。皆二世卦。爲福德。乾坤相
遇。則成泰否。皆三世卦。爲絕體。乾震相遇。則成无妄
大壯。皆四世卦。爲天醫。乾兌相遇。則成履夬。皆五世
卦。爲生氣。乾坎相遇。則成需訟。皆遊魂卦。爲遊魂。乾
離相遇。則成同人大有。皆歸魂卦。爲絕命。餘皆倣此
今按先天之說甚巧。其八宮卦象。則唯絕體遊魂絕
命。與卦變義合。餘無所取。蓋特以此爲記耳。圖列後

大遊年變卦

大遊年變卦。相宅家用之選擇有以宅長行年配合修造之說。故名遊年變卦之法。故此名大遊年。小陰而大陽也。其法亦由天定卦翻變而出。而以貪狼廉貞。武曲。文曲。祿存。巨門。破軍輔弼。爲序。如乾爲本宮乾上爻變爲兌。爲貪狼。兌中爻變爲震。爲五鬼。震下爻變爲坤。爲武曲。坤中爻變爲坎。爲文曲。坎上爻變爲巽。爲祿存。巽中爻變爲艮。爲巨門。艮下爻變爲離。爲破軍。離中爻變復爲乾。爲輔弼。貪狼與小遊年同。

亦曰生氣。廉貞即小遊之巨門。亦曰五鬼。武曲即小遊之絕體。又曰延年。文曲與小遊同。又曰六煞。祿存即小遊之五鬼。又曰禍害。巨門即小遊之福德。亦曰天醫。破軍輔弼與小遊同。蓋陽宅之法。以乾兌為老陽。艮坤為老陰。離震為少陰。巽坎為少陽。二老相配為西四宅。二少相配為東四宅。東西各自相配為吉。交錯相配為凶。故變卦之吉凶。與小遊年有同異耳。翻卦之法。皆以上一爻變為生氣貪狼。下二爻變為天醫巨門。三爻俱變為延年武曲。三爻俱不變為伏位輔弼蓋上一爻變者則乾兌互變艮坤互變離震互變巽坎互變下二爻變者則乾艮互變兌坤互變離巽互變震坎互變三爻俱變者則乾坤互變兌艮互變離坎互變震巽互變三爻俱不變者則自得本宫皆老少各自相配故爲吉也外此則老少交錯相配故爲凶也在八宫卦象則上爻持世卦爲伏位初世卦爲禍害二世卦爲天醫三世卦爲延年四世卦爲五鬼五世卦爲生氣遊魂卦爲六煞歸魂卦爲絕命與小遊年例亦有異同圖並列後

案大遊年謂二老相配爲西四宅二少相配爲東四宅東西各自相配爲吉交錯相配爲凶以八卦而論離坎是南北之卦豈可盡命爲東卦乎查後天六十四卦坤宮有地山謙一卦爲大遊年之生氣兌宮有澤天夬爲大遊年之生氣澤山咸爲大遊年之延年澤地萃爲大遊年之天醫此四卦命爲西四卦則可又巽宮有風水渙爲大遊年之生氣震宮有雷火豐爲大遊年之生氣雷風恒爲大遊年之延年雷水解爲大遊年之天醫四卦命爲東四卦則可餘外俱強解者耳姑錄之

以俟高明再訂

上一爻變圖

小遊年生氣吉

大遊年生氣吉

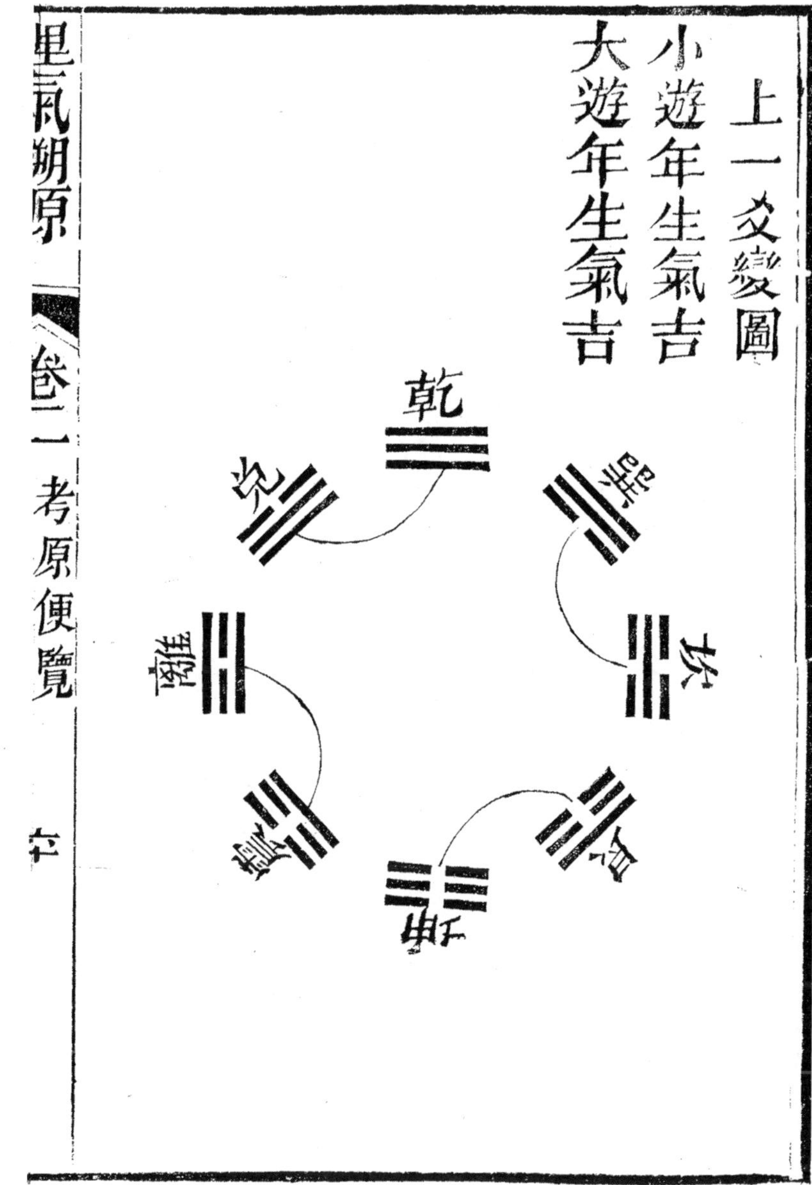

乾上一爻變爲兌。兌上一爻變爲乾。離上一爻變爲震。震上一爻變爲離。巽上一爻變爲坎。坎上一爻變爲巽。艮上一爻變爲坤。坤上一爻變爲艮。乾兌老陽所生。離震少陰所生。巽坎少陽所生。艮坤老陰所生。乃先天生卦自然之序。乾兌兩金相比。而後天乾陽兌陰。震陽離陰。坎陽巽陰。艮陽坤陰。乾坤坎離配洛書之奇。兌震艮巽配洛書之偶。又皆陽陰得配。是爲最吉之象。故小遊年大遊年。皆以爲生氣也。

上二爻變圖

小遊年天醫吉

大遊年五鬼凶

乾 巽 坎 艮 坤 震 離 兌

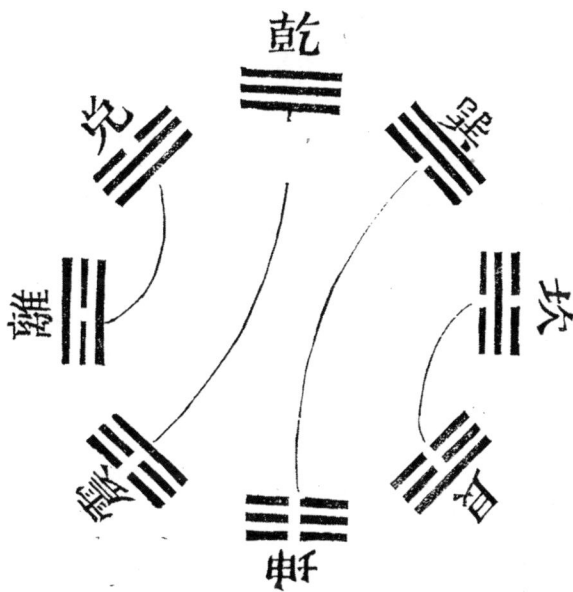

乾上二爻變爲震。震上二爻變爲乾。兌上二爻變爲離。離上二爻變爲兌。巽上二爻變爲坤。坤上二爻變爲巽。坎上二爻變爲艮。艮上二爻變爲坎。乾震金木相尅。兌離火金相尅。皆爲陽儀所生。巽坤木土相尅。坎艮土水相尅。皆爲陰儀所生。洛書又陰陽相配。有相制而不相害之義。故小遊年以爲天醫。大遊年則以其老少不相配爲凶。又以相尅爲鬼。故爲五鬼。義各有取也。

下一爻變圖

小遊年五鬼凶

大遊年禍害凶

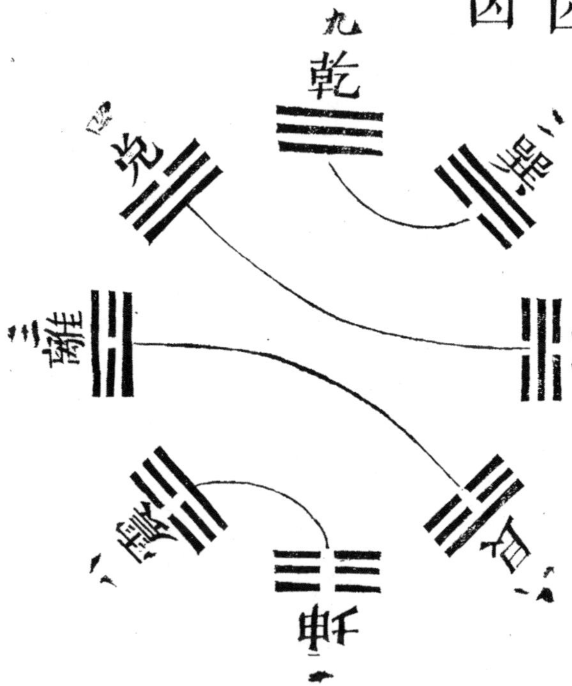

九 乾

兌

巽

離

坎

震

艮

坤

乾下一爻變爲巽。巽下一爻變爲乾。兌下一爻變爲坎。坎下一爻變爲兌。離下一爻變爲艮。艮下一爻變爲離。震下一爻變爲坤。坤下一爻變爲震。以乾兌離震四陽。往交於巽坎艮坤之四陰。以巽坎艮坤四陰。往交於乾兌離震之四陽。老少皆不相配。故小遊年以往而屈者爲鬼。又先天卦序。皆隔五位。故爲五鬼。大遊年既取相尅者爲鬼。則以此爲禍害。皆不吉也。

下二爻變圖

小遊年福德吉

大遊年天醫吉

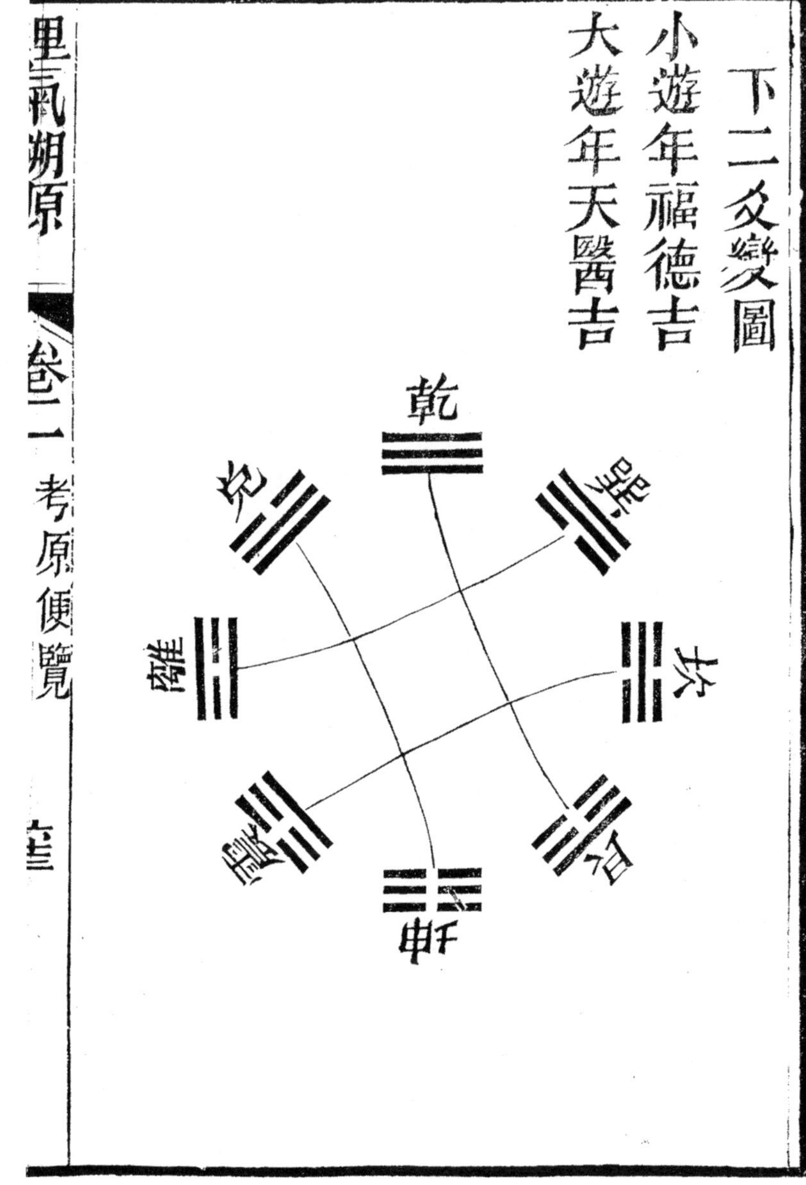

乾下二爻變爲艮，艮下二爻變爲乾，兌下二爻變爲坤，坤下二爻變爲兌，離下二爻變爲巽，巽下二爻變爲離，震下二爻變爲坎，坎下二爻變爲震，乾艮土金相生，兌坤土金相生，二老相配，巽離木火相生，坎震水土相生，二少相配。論八卦則以陰陽自得爲德，論九宮則以陰陽相得爲德，故小遊年以爲福德，大遊年以三爻全變之卦，老長中少正配爲吉，不曰福德，而曰延年，則以此爲天醫，皆吉卦也。

上下二爻變圖

小遊年遊魂凶

大遊年六煞凶

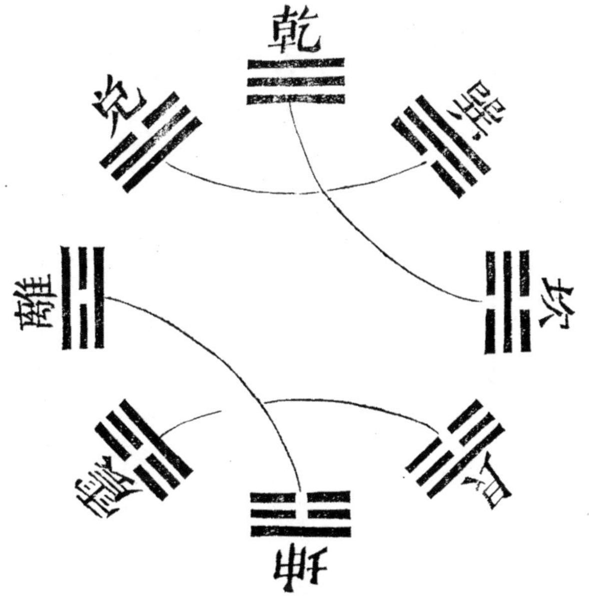

乾

巽

坎

艮

坤

震

離

兑

乾上下二爻變爲坎。坎上下二爻變爲乾。兌上下二爻變爲巽。巽上下二爻變爲兌。離上下二爻變爲坤。坤上下二爻變爲離。震上下二爻變爲艮。艮上下二爻變爲震。二儀四象交相變易。而八卦九宮。陰陽老少。皆不相配。往而不相得。故小遊年以爲遊魂。大遊年則以其爲本宮卦第六變。故爲六煞。皆不吉也。

中一爻變圖
小遊年絕命凶
大遊年絕命凶

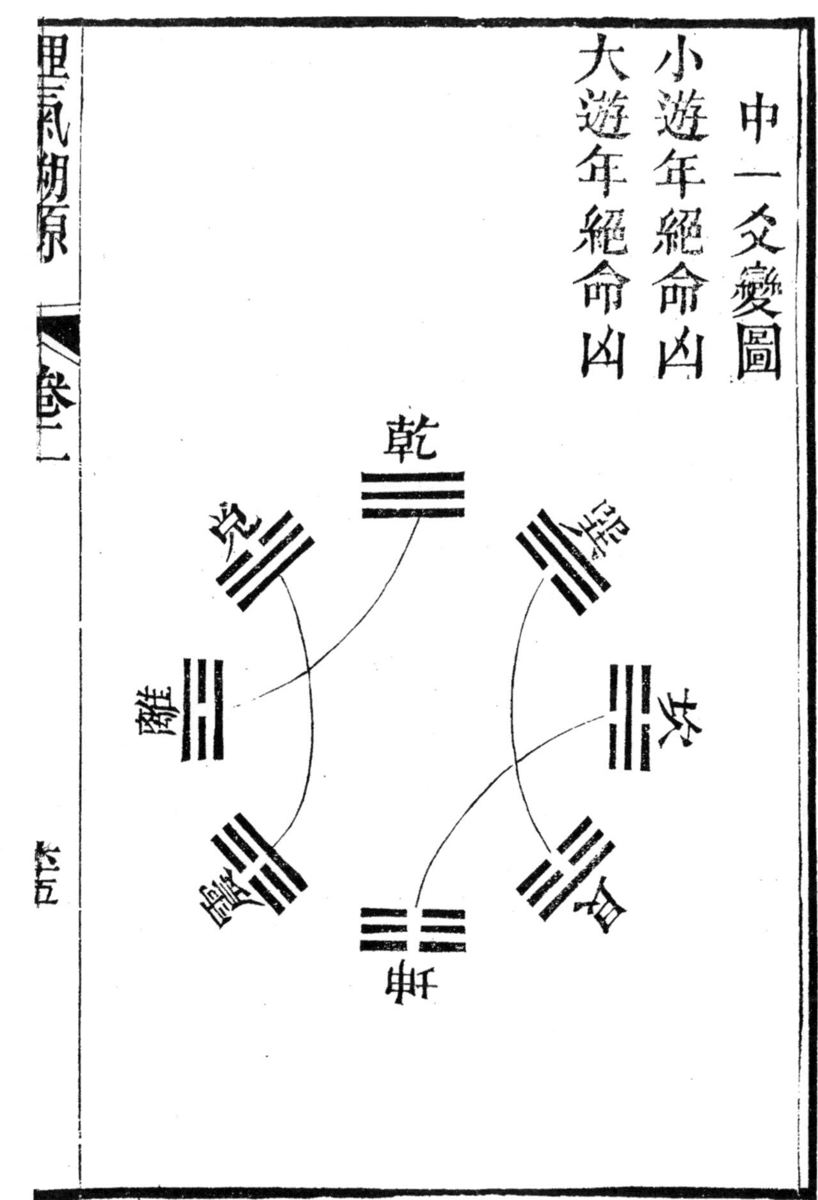

乾中爻變爲離。離中爻變爲乾。兌中爻變爲震。震中爻變爲兌。巽中爻變爲艮。艮中爻變爲巽。坎中爻變爲坤。坤中爻變爲坎。乾離火金相尅。兌震金木相尅。巽艮木土相尅。坎坤水土相尅。奇偶老少皆不相配。且皆自還本儀。適與生氣相反。又變翻卦。皆至此七變而止。是爲最凶之象。故小遊年大遊年。皆以爲絕命也。

三爻俱變圖

小遊年絕體凶

大遊年延年吉

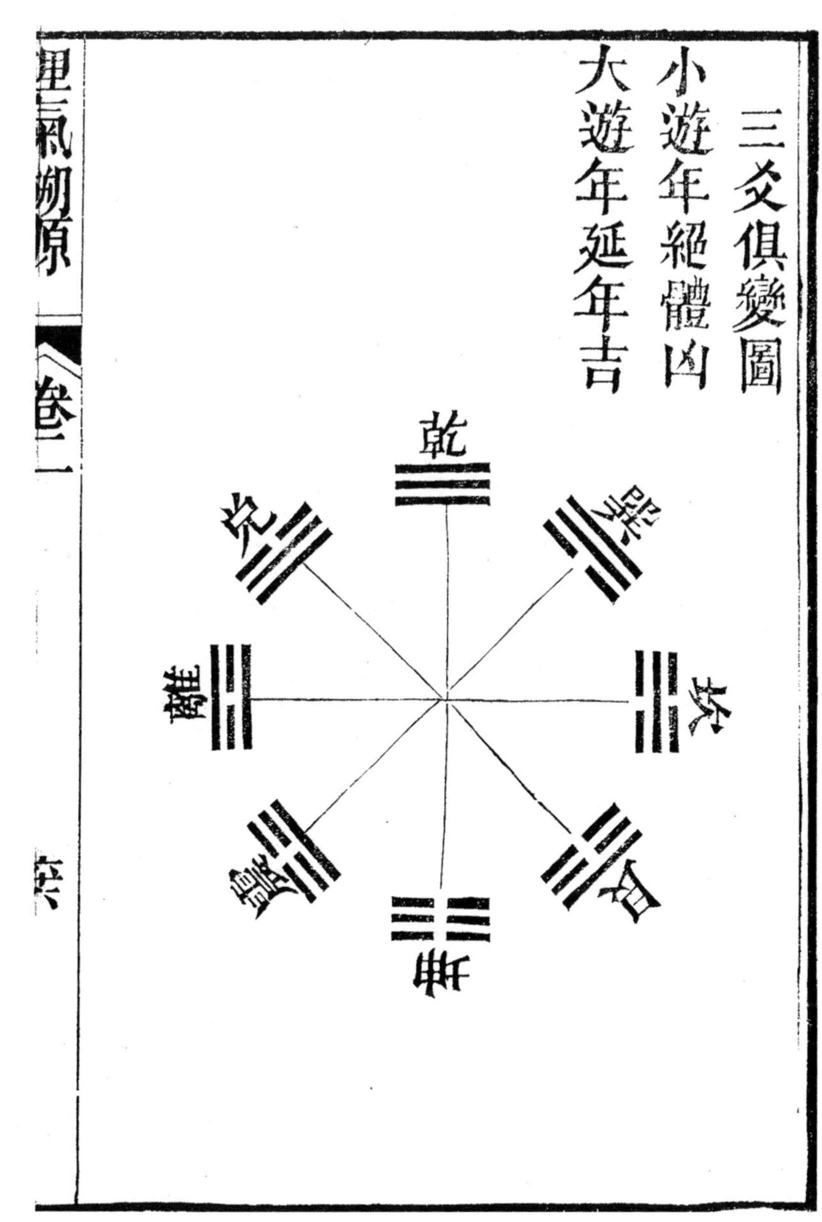

乾三爻俱變爲坤。坤三爻俱變爲乾。兌三爻俱變爲艮。艮三爻俱變爲兌。坎三爻俱變爲離。離三爻俱變爲坎。震三爻俱變爲巽。巽三爻俱變爲震。乾坤坎離配洛書之奇。兌艮震巽配洛書之偶。又一與九。三與七。二與八。四與六。相加皆極十數。地理家以孤陰孤陽爲凶。故小遊年取全變之義爲絕體。乾父坤母。震長男。巽長女。坎中男。離中女。艮少男。兌少女。相宅家以陰陽正配爲吉。故大遊年取皆應之義爲延年。一吉一凶。各隨其用耳。

八宮卦象

小遊年	輔弼	五鬼	福德	絶體	天醫	生氣	遊魂	絶命
大遊年	伏位	禍害	天醫	延年	五鬼	生氣	六煞	絶命
	爻不変	初世卦	二世卦	三世卦	四世卦	五世卦	遊魂卦	歸魂卦
乾宮	乾爲天	天風姤	天山遯	天地否	風地觀	山地剝	火地晋	火天大有
坎宮	坎爲水	水澤節	水雷屯	水火既濟	澤火革	雷火豐	地火明夷	地水師
艮宮	艮爲山	山火賁	山天大畜	山澤損	火澤睽	天澤履	風澤中孚	風山漸

震宮

震爲雷　雷地豫　雷水解　雷風恒　地風升　水風井　澤風大過　澤雷隨

巽宮

巽爲風　風天小畜　風火家人　風雷益　天雷无妄　火雷噬嗑　山雷頤　山風蠱

離宮

離爲火　火山旅　火風鼎　火水未濟　山水蒙　風水渙　天水訟　天火同人

坤宮

坤爲地　地雷復　地澤臨　地天泰　雷天大壯　澤天夬　水天需　水地比

兌宮

兌爲澤

澤水困

澤地萃

澤山咸

水山蹇

地山謙

雷山小過

雷澤歸妹